哈佛
最受欢迎的口才课

苏 玉 编著

The Best Oral Training Program
In Harvard

中国商业出版社

图书在版编目（CIP）数据

哈佛最受欢迎的口才课/苏玉编著．—北京：中国商业出版社，2014.10

ISBN 978-7-5044-8748-3

Ⅰ.①哈… Ⅱ.①苏…Ⅲ.①口才学－通俗读物

Ⅳ.① H019-49

中国版本图书馆 CIP 数据核字（2014）第 222098 号

责任编辑：朱丽丽

中国商业出版社出版发行
010-63180647　www.c-cbook.com
（100053 北京广安门内报国寺 1 号）
新华书店总店北京发行所经销
三河市龙大印装有限公司印刷

*

710×1000 毫米　16 开　13 印张　240 千字
2014 年 12 月第 1 版　2014 年 12 月第 1 次印刷
定价：32.00 元

* * * *

（如有印装质量问题可更换）

前言 PREFACE

法国大作家雨果曾说:"语言就是力量。"的确,精妙、高超的语言艺术魅力非凡。欧美等发达国家把"舌头、金钱、电脑"并列为三大法宝,口才被公认为现代人必备素质之一。

美国总统竞选的时候,一次充满激情的就职演说,将会在民众中留下深刻而良好的印象,而这一印象又往往成为民众认识自己的起点。对普通人而言,若能巧妙运用语言,对和谐人际关系的建立将大有裨益。

语言艺术是一门综合艺术,包含着丰富的内涵。一个语言艺术造诣较深的人需要多方面的素质,如具有较高理论水平、广博的知识、扎实的语言功底。那么,成功的语言的特征是什么呢?怎样讲话才更具有艺术性呢?

英国著名的宣传理论家弗雷尔说,如果某一信息中缺乏影响人情感的成分,那么,此信息只能属于教育活动的范畴。普列汉诺夫在《论艺术》中也说:"语言对于人们,不只是表现他们的思想才有用,一样地为了表现他们的感情那也是有用的。"美国心理学家哈特曼结合竞选演说进行实验研究,比较情感与理智在选举时对选民们行为态度的不同影响。实验结果表明情感的号召力比理智的号召力大。1986年,菲律宾总统候选人科拉松·阿基诺在大选中战胜了马科斯,其中一个重要的因素,就是她的竞选演说充满情感,极富感染力,牢牢抓住了听众们的心:"可怜可怜我们的国家吧!可怜可怜我们前途暗淡的孩子们吧!让我们结束他们的苦难。我呼吁你们,帮助我推翻马科斯政权……"

情感除了通过语言表达之外,还可以通过语音表达。语调的高低,语速的快慢，语音的轻重，音量的大小，语气的徐疾，都能使人感受到情感的冲击。丹纳认为："人的喜怒哀乐，一切骚扰不宁、起伏不定的情绪，连最微妙的波动、最隐蔽的心情，都能由声音表达出来，而表达的有力、细致、正确，都无与伦比。"据说意大利有一位著名演员，在台上用悲切沉痛的语气朗诵阿拉伯数字时，坐在台下的听众居然听得潸然泪下。哈佛演说者也很注意通过声音的高昂、呼吸的急促、音调的低沉、节奏的缓慢，甚至调到喉音以造就气氛，或慷慨激昂、激情振奋，或悲痛深沉、压抑窒息等等，充分体现其情感。

当然，语言的技巧远远不止这些，为此，我们选取了哈佛大学的口才课程，看看在他们的眼里好口才该是什么样的。

一直以来，口才作为每一位哈佛学生必须掌握的沟通技巧，它时刻强调精英的思维习惯，倡导真正实用的人际交往理念，让哈佛学生自然发挥其潜在的表达实力，在各种场合下挥洒自如。我们希望成千上万的普通人通过学习哈佛口才课程中阐述的沟通理念，能够成为成功的演说者、有效的判断者、人见人爱的交际家。

第01辑　史密斯·泰格教授谈"口才基本功"

第一讲　善于把握说话的语音轻重 / 003
第二讲　句间停顿让语言更精彩 / 005
第三讲　用语调、语气增强你的表达力 / 008
第四讲　说话有节奏才是真会说话 / 010
第五讲　好口才离不开丰富的语料 / 012

第02辑　迈克尔·桑德尔教授讲"话语开场白"

第一讲　主动引谈话，说好第一句话 / 017
第二讲　深入沟通之前要进行热身 / 020
第三讲　善谈者善于寻找话题 / 023
第四讲　从对方爱听的话说起 / 027
第五讲　开头说好"场面话" / 030

第03辑　伊莱恩·凯玛克教授讲"说话的差异性"

第一讲　适宜的讲话时机最能打动他人 / 035
第二讲　与同一个人说话也要看不同时机 / 039
第三讲　因人而异用不同的措辞 / 041

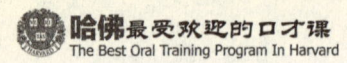

  第四讲 轻松应付不同类型的人 / 045
  第五讲 投其所好才能好沟通 / 048

第04辑 罗伯特·劳伦斯教授讲"用好言语辅助工具"

  第一讲 让面部表情丰富起来 / 055
  第二讲 运用眼神辅助你的语言 / 057
  第三讲 用手势增强语言的表达力 / 060
  第四讲 有时无声胜有声 / 063
  第五讲 一切妙在聆听之势 / 065

第05辑 安娜·斯洛教授讲"谈话的技巧"

  第一讲 把话幽默地表达出来 / 071
  第二讲 巧妙运用"对比效果" / 074
  第三讲 通过表达展现自我 / 078
  第四讲 怎样讲话才有力量 / 080
  第五讲 当众讲话的危机处理 / 082
  第六讲 说话要有的放矢 / 087
  第七讲 说一点善意的谎言 / 089
  第八讲 巧言化解尴尬境遇 / 092

第06辑 拉摩尔·亚历山大教授讲"沟通的雷区"

  第一讲 不在人背后蜚短流长 / 097
  第二讲 语言也有要避免的禁忌 / 099
  第三讲 说话之前要想一想 / 102

第四讲　拒绝要注重艺术性 / 105
第五讲　不要命令别人去做什么 / 110
第六讲　"你错了"要慎出口 / 112
第七讲　和人争论没好处 / 114
第八讲　忠告亦应不逆耳 / 116

第07辑　安东尼·塞奇教授讲"辩论的技巧"

第一讲　如何为辩论做准备 / 121
第二讲　哈佛学生这样去辩论 / 123
第三讲　确立自己的辩论点 / 125
第四讲　辩手辩论自有技巧 / 128
第五讲　让对手的诡辩不攻自破 / 130
第六讲　哈佛的辩才是练出来的 / 133

第08辑　尼尔·鲁登斯坦教授讲"上下两级沟通的技巧"

第一讲　先听上司说了什么你再说 / 141
第二讲　从上司身上找切入点 / 144
第三讲　不要用语言"顶撞"上司 / 149
第四讲　一定要让下属心服口服 / 151
第五讲　冷静处理和下属的冲突 / 154
第六讲　在下属面前要把握好表态的尺度 / 158

第09辑　尼尔·鲁登斯坦教授讲"和工作对象的沟通"

第一讲　和客户沟通态度是第一位的 / 163

第二讲　好话说说，"马屁"拍拍 / 166
第三讲　想方设法满足顾客的需求 / 170
第四讲　顾客不接受你怎么办 / 174
第五讲　学会让同事喜欢你 / 177

第10辑　迈克尔·桑德尔教授讲"和朋友沟通"

第一讲　学会和陌生朋友的沟通 / 183
第二讲　学会和忘年交沟通 / 188
第三讲　如何让有缺陷的朋友接受你 / 190
第四讲　如何给情侣传情 / 195
第五讲　学会安慰伤心的人 / 198

第01辑
史密斯·泰格教授谈"口才基本功"

史密斯·泰格教授说,可能你一岁多就能说话,但这不代表你会说话。因为一个会说话的人,在他的话语说出口之前,他常常会有意识地对语意、语音、语态做一些修饰或调整,这就是"口语修辞"。在史密斯·泰格教授看来,口语修辞是口语表达能力的基础。善于运用这种修辞手法,是将话说得准确、生动、得体的重要手段,是提高一个人说话水平的最基本的技巧,是使交际富有成效的法宝之一。

———◆———

史密斯·泰格,哈佛大学公关学教授,小布什竞选团队的核心成员之一。在公关学方面,以总结了在职场与各种人相处的种种类型而著称。在他的公开课上,常常会谈一点口才的技巧。

第一讲　善于把握说话的语音轻重

一次，我在给学生讲口语表达课，当我讲到注意语音轻重的重要性时，一个男生调皮地问道："一句话就那几个字词组合在一起，意思很明显，不注意轻重音会有什么影响呢？"我没有直接回答他的问题，而是给他们讲了一个故事：

琼斯太太家的电视机出了毛病。她想起隔壁的罗斯是个修理工，就去敲他的门："罗斯先生，你会不会修电视机？"

"我不会修电视机。"（重音放在"修"字上。）

"不会修，那你是不是曾经装配过电视机……"

"我不会修电视机！"（重音放在"电视机"上。）

"我家收录机也坏了，帮我……"

"我不会修电视机！"（重音放在"我"上。）

"你这方面的朋友多，帮我找一个……"

罗斯把门打开，急得直抓头，说："琼斯太太，你怎么总是听不懂我的话呢？"

琼斯太太说："我说，你怎么老是打岔呢？"

我用这个故事向学生说明，一句简单的问话，罗斯却回答得答非所问，令人啼笑皆非，原因就在于他没有把握准说话的重音。如果他把重音放在"不会"上，就明确回答了琼斯太太提出的"会不会"修电视机的问题了。

不会说话的人将每个字说得一样重，让听者迷惑不解，不知他究竟要表达什么意思；会说话的人，一两个字词，都能够分清轻重音，语意清晰，一听就明白。

我要说的是，口语修辞手法运用得如何，是影响说话水平的一个方面，而把握语音的轻重又是口语修辞手法的另一个方面，是口语表达比较基础的方面。如果你在说话的时候轻重不分，含含糊糊，别人肯定不会愿意听你说话，即使愿意听，也会不断听出歧义，甚至影响交际的质量。所以，要把话说好，切不可轻视口语表达水平的提高，不可忽视词语轻重的准确把握与适当调节。在哈佛，要想学到很好的口才，掌握表达重音是第一步。

表达重音的方式主要是强调——适当加强音量和气势，使字音饱满有力一些。我经常告诫我的学生，说话不突出重音，是不会说话的表现。以下举出表达重音的几种特例，以便你轻松掌握：

1. **呼应型重读**

重读反映语脉线索的词或短语，如：问答性呼应、领属性呼应、过程性呼应等。

2. **区分型重读**

重读那些可区分程度轻重、突出性质、动作、范围、感情或提示注意的词或短语。具体表现在以下几个方面：

（1）首次提到的人或事物，重读可加强语气，表达出对人的尊敬和对事物的重视。

（2）表达强烈感情的副词，如"他一点也不怕"、"我非常喜欢"。重读"一点也"和"非常"就可以表达出不怕和喜欢的程度，有加强表达的效果。

（3）突出一种感情或一种意境的主要词或短语。如："我喜欢看雪花纷纷扬扬地飘洒在地上。"重读"纷纷扬扬"，给人一种想象的空间，说者和听者都仿佛见到了雪花慢慢飘落下来的美丽景象，这是对话语所表达的意境的简单丰富，可效果却很明显。

（4）重提以引起重视的词或短语。如："我是哈佛人，我有一颗哈佛心！"加重"哈佛"的发音，可表达出一种强烈的热情，引发听者更加明白自己的意思，能使说者的情感表达得更加准确、深刻。

（5）强调某种判断的词或短语。如："他不是一个目空一切的人。"对"不是"的重读，显然是引起听者注意，他这里的态度是"不是"，而不是"是"。判断词总的来说就是表达肯定意义的词和表达否定意义的词，要明确表达自己的观点就可以重读这类词。

（6）判明具有某种性质的词或短语。如："这种行为是一种欺骗行为！"重读"欺骗"，是对行为的定性，可以引起听者的重视，让人很快就能明白这是一种什么样的行为。

（7）强调一种动作或行为的词或短语。如："你就这么撒手不管了？"对"撒手不管"的重读，不仅可以形象表达出这一动作或行为，而且，也能表达出说话者的强烈不满，这也是重读的艺术效果。

对以上类型的重读要准确把握，但并不是任何属于以上类型的词或短语都要重读。需要在句子中去把握，还要从自己的说话目的出发，看自己要表达出什么意思、什么效果。否则，你有可能将一句话里的每个词都重读了，最后，却没人能听懂你所说的。当这类词同时出现的时候，如果你能够分清轻重缓急表达你要表达的语言，那么你说出来的话对听众是有吸引力的，是人人爱听的。你不用再为自己讲不清意思而苦恼，也不用再为别人听不懂自己的话而烦恼！

第二讲　句间停顿让语言更精彩

我一直认为，标点符号是个伟大的发明——可是很少有人意识到这点。书面语借助标点把句子断开，使内容更加具体、标准。在口语中我们

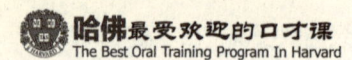

常常借助的是停顿,有效地运用停顿可以使我们的话明白、动听,减少误解。有些人说起话来像打开了的水龙头,特别是在激动的时候就不注意停顿了。

我们的大文豪马克·吐温先生说过:"恰如其分的停顿能产生非凡的效果,这是语言本身难以达到的。"好的停顿有很强的表情、表义功能,常能收到"此时无声胜有声"的表达效果。

我读《俄国革命史》,发现一位马克思主义理论宣传家普列汉诺夫口才特别好。据记载,有一次他在日内瓦作《无产阶级与农民》的演讲时,社会革命党人和无政府主义者中一伙抱有敌意的听众从中捣乱。他们在普列汉诺夫演讲时,吹口哨、跺脚、喧闹,还与其他观点不同的听众争吵辩论,几乎令演讲进行不下去。普列汉诺夫面对这种情况,十分冷静沉着地将双手交叉于胸前,沉默不语,待台下稍微有所安静,他突然大声地说:"如果我们也想要使用重武器同你们斗争的话,我们来时(停顿,缓声地说道)就会带上冷若冰霜的美女!"

听众哄然大笑,立刻静下来了,于是演讲得以继续进行。

普列汉诺夫借助了语言本身的特点,使用有意停顿、变换语调、调整语速等方法将"重武器"和"冷若冰霜的美女"隔开,给听众一种极大的反差,从而产生一种哄然大笑的结果,并且立刻将听众的注意力吸引了过来,使自己的演讲得以继续进行。可见,好的停顿能收到不错的效果。

哈佛语言专家研究发现,停顿是因思想内容的表达和生理心理的需要,而在有声语言的链条上设置的间隙中断,是有声语言的"标点符号"。巧妙运用这个"标点符号"不仅能使自己的语言生动活泼,而且,还能收到意想不到的语言表达效果。停顿要按照语境的规定进行,如果故意在不该停的地方停,会产生怪异的效果,甚至导致笑料。

哈佛大学在语音学上将停顿进行了分类,具体表现在以下几个方面:

1. 语法停顿

又叫自然停顿,一句话中间是不能停顿的。从语法上说中心语与附加语往往有一个小小的停顿,书面语用标点符号表示的地方要停顿,段落之间、句子之间也都要停顿。这个大家几乎都清楚，我就不再赘述了。

2. 感情停顿

又叫心理停顿，逻辑停顿为理智服务，感情停顿为感情服务，表示一种微妙和复杂的心理感受而做的停顿。

3. 特殊停顿

为加强某种特殊效果或应付某种需要所做的停顿。

运用得当的停顿具有很丰富的表现力。第一，可以变含糊为清晰。第二，变松散为整齐，如有些排比句通过停顿变得很美，很有节奏，如写交通安全的一篇演讲稿中说："每天的太阳是您的，晚霞是您的，健康是您的，安全也是您的。"要声断，气不断，情不断。这里要强调的是，停顿不是中断，只是声音的消失，它绝对是气流与感情连起来的，有停就有连，而且在某种激烈、紧张的情况下需要连接。

连接就是在书面上标有停顿的地方赶快连起来，不换气、不偷气，一气呵成，渲染气氛，增强气势。表现停连的技巧有三个：一是气息要调节，比较大的停顿地方要换气，小的停顿要偷气（不明显地换气），另外要救气（一气呵成）；第二，接头要扣"环"，即两个内容相联的句子，第一句的结尾压低，第二句的起音也要低，这样两个句子中的音位差就小，给人感觉环环相扣；第三，层次要"抱团"，句子的末尾音节不要往下滑，每层的意思要有鲜明的起始感、整体感。

运用好停顿，能够将句子巧妙地断开，准确表达出语义，还能够使语言生动活泼，产生语言本身难以达到的艺术效果。所以，我们要提高说话水平，就要掌握好句间停顿的方法。

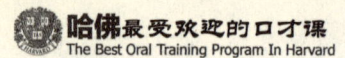

第三讲 用语调、语气增强你的表达力

语言学家发现，运用好语气语调，可以传达丰富的感情，增强表达的艺术效果。英国戏剧家肖伯纳说过："书写的艺术，哪怕文法修辞非常好，在表达语调时却无能为力。复杂多变的语调、语气是一种表意功能很强的口语修辞方法，是任何一个想提高说话水平的人都应该掌握的。"对于这样的说法，我是非常赞同的。

意大利有位演员来哈佛大学演出，在一次演出前要给哈佛的学生表演朗诵自然数1到100的"节目"。"数数字"有什么好听的？大家不感兴趣，有的人竟喝起倒彩。但是，当那位演员站在台上将单调的数字说得抑扬顿挫，充满感情时，全场的观众都被征服了。人们听到的已不再是枯燥乏味的数字，听到的似乎是诉说痛苦的忏悔，有的观众竟涌出热泪。

哈佛的很多人都记得那场表演。撇开表演因素，这位演员能够成功地感染听众，都是因为他运用了高超的"声气传情"技巧。他灵活地运用语调、语气的表达技巧，将话说得生动而富有感情。

所谓"听话听音，锣鼓听声"，说的就是语调、语气作为口语修辞手段对表情达意所产生的特殊功能。语调是指贯穿整个句子的调子，与声调一起决定了声音的高低抑扬。语调的构成因素比较复杂，它是节奏的快慢起伏、音调的抑扬顿挫、语速的停顿延连、音量的轻重强弱等通过不同的方式组合而成的。

众所周知，语调可分为降调和升调两种基本类型，随着句子的语气和表达者感情的变化，可以变化出其他多种类型。语调有区别句子语气和意义的作用。如"你干得不错"说成降调，是陈述性句式，带有肯定、鼓励的语气；说成升调，是疑问性句式，带有不信任和讽刺的意味。在谈话时应注意把握语调，以增强吸引公众的魅力。

我发现，语调据"调式"的不同，又可分为整句语调和句末语调两大类。其中句末语调又可分为平直调、上扬调、降抑调和弯曲调四个"调型"。

上扬：调值前低后高，语势上升，一般表示鼓动、愤慨、斥责、惊异、疑问等。

弯曲：调值有升有降，语势曲折多变，一般表示惊疑、忧虑、讽刺、调侃的情绪。

降抑：调值前高后低，语势渐降，一般表示坚定、自信、肯定、祝愿、赞扬、感叹。

平直：调值平稳少变，语势比较舒缓。它一般表达冷漠、庄严、从容、悲伤、沉郁的感情。

运用好语调的同时还要运用好语气，不同的发声方式、不同的气息状态，可以形成不同的语气，表达出不同的思想感情。

"疑"的语气：气息放，出声延伸，口腔先松后紧，气息似断犹连，末尾处夸张韵腹并将语调上提。

语调要随情而变，注意强弱轻重之分。"感有万端之异，言有万态之殊。"切忌一味夸张渲染，形成固定的语调模式。语气的表达不可有做作的痕迹，要"以情带声"，与感情的自然流露融为一体。

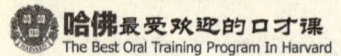

第四讲　说话有节奏才是真会说话

我一直强调，一个善于说话的人会很注意说话的节奏。节奏是由语速和语势构成的，包含着缓急、张弛、停连、起伏这些要素。必要时，高屋建瓴，要有百川归海的气势；也可以先抑后扬或先扬后抑；有时娓娓道来，显得心平气和。

语言学家很早就发现，说话时，影响速度节奏的主要原因是人们内心情绪的起伏变化。速度节奏的控制和变化一般要通过音调的轻重强弱，吐字的快慢断连，重音的各种对比以及长短句式、整散句式、紧松句式的不同配合才能实现。我们应掌握这些规律，做到快慢适中，快而不乱，慢而不断，增强语言形象的美感。

说话也是这样，如果节奏过于松散缓慢，听者的注意力就容易涣散；如果始终连珠炮一般咄咄逼人，又会使人的听觉由亢奋转向抑制，甚至会形成逆反心理。可以安排一些间隙性停顿或适当辅以态势语，以延缓嗓子的疲劳。同时还要注意心理的调节与保健，因为最佳的发声状态的前提是最佳的心理状态。可以侃侃而谈，也可以娓娓道来，说话感情过于冲动，甚至声震屋宇，嗓子容易疲劳，使声带造成损害。

说话要有节奏，该快的时候快，该慢的时候慢，该起的时候起，这样有起伏有快慢有轻重，才能形成口语的乐感而悦耳动听，否则话语就不感人，不动人。节奏与语速有关系，但不是一回事，语速只表示说话的快慢，节奏包括起伏、强弱。

慢节奏：叙述一件事情，描写一处景物，表现一次行动的迟缓，节奏宜慢；表现平稳、沉郁、失望、悲哀情绪节奏宜慢。

快节奏：表现情绪紧张、热烈、欢快、兴奋、慌乱、惊惧、愤怒、反抗、驳斥、申辩时宜快节奏。

节奏调度的原则：一是感情原则，二是语言原则（根据语言的环境调整），三是内容原则。

所以，我把需要掌握的几个说话的节奏技巧列出来和大家分享：

1. 浅显快于艰深

内容浅显易懂，说话的节奏就可以适当放快，不需担心听者抓不住说者表达的意思；相反，内容艰深难懂的，就要放慢说话的节奏，否则听者的反映速度很难跟上说者的速度，听不懂的人就会干脆放弃，不听了。

2. 描述快于阐述

描述性的语言一般是讲述一个故事，内容浅显易懂，文字也不会很生硬。而阐述性的语言，一般是讲述一个原理或者介绍一种新事物，大多涉及到专业领域的专业词汇，听者往往不很熟悉，这就需要慢慢地讲清楚，如果太快，听者是很难理解的。

3. 议论快于抒情

议论是讲道理，目的是把道理讲清楚，使听者明白就可以了。而抒情的语言有一个更艰巨的任务，就是要感染听者，要与他们的心灵发生碰撞，说话者就需要时间来表达自己的某种感情，故而不可太快。

4. 激烈快于轻松

要表达激烈的语气，用较慢的节奏显然是达不到效果的。相反，要表达轻松的语气，也不能用太快的语速。

5. 欢愉快于忧伤

欢愉时，语气比较轻快，语调也比较高昂，加快语速有助于传达一种轻快高兴的语意。而忧伤的语言，一般都是低沉的，说话者的反应速度也是很慢的，这时如果语速过快，就很难说你是真的不高兴了。使用错误的节奏就会传达出错误的信息，即使别人听出来你的真实感受，也会觉得你是故意装出来的。

6. 活泼快于稳重

活泼的语言说得太慢，就显示不出调皮搞笑的语境了，而用很快的语速表达持重的话语，也显示不出稳重了。所以，活泼的语言语速应该快于稳重的语言。

以上这些都是由表达的内容、语境和言语交际的目的决定的。实际中要根据具体情况灵活运用。

第五讲　好口才离不开丰富的语料

好口才还要有好语料——也就是说，好口才离不开丰富的话题库。话题库的丰富不仅要在生活中积累，从书本中吸收知识，还要懂得向他人学习，学习他人的说话技巧，学习他人如何把知识转化为话题，并且记住他人的话题，作为自己将来与人谈话的话题。

每一个成功的说话者，对于自己的失败、优点、缺点、听者反映怎样，都要在心中加以研究，加以比较。在什么时候，自己的话说得不够，叫人不太明白；在什么时候，自己的话叫人哈哈大笑。自己离开后，别人又会怎样谈论自己，怎样评论自己。诸如此类，都是训练口才的重要参考资料。

如果你能认识一位口才很好的朋友，那你便应该多和他接近，很用心地研究他怎样说话，使用怎样的表情，怎样引起别人的兴趣。如果你能遇到一位很好的演讲家，那你更不要放过机会，他的每一次演讲，你都要去听。他的每一句话，每一个姿态，你都要记在心中，带回家去细细咀嚼、琢磨。

当你真的无话可讲时，也不必因此而感到自卑和不安，世界上没有一个人是无所不知、无所不晓的，在这种时候，你不妨静静地坐着，仔细地听别人讲，记住他们的话，比较他们谈话的优劣。有什么不明白的地方，设法提出适当的问题。

哈佛大学琼斯教授的口才是有口皆碑的。但是，据说他年轻时却胆小木讷，甚至拜访朋友都不敢敲门，常常"在门口徘徊20分钟"怯于开口。后来，他鼓起勇气参加了"辩论学会"，不放过一切机会和对手争辩。他练胆量，练语言，练机智，千锤百炼终成口才家。他的演说，他的妙对，传诵至今。有人问他怎么练口才的，他这样回答："我是以自己学溜冰的办法来做的——我固执地、一味地让自己出丑，直到我习以为常。"

告诉你，有时候一些你根本就不感兴趣的话题，也会带给你意外的收获，使你受益匪浅。比如说，以后和别人谈话时，如果再提到这个话题，你就可以说："我上一次也和某人谈论过这件事……"这样，就可以开始另一个新话题了。

留心听别人讲话，这样你就可以很快地熟悉话题，当别人又提起同一个话题的时候，你就可以用听来的观点和别人交流，再换取另一个人的观点，在这样不断的积累中，你的观点会越来越丰富，久而久之，你就变成了一个博学的人。听你说话的人也会夸你知识丰富，能说会道。

现在有很多哈佛学生，从学校毕业之后，就放弃了学习的精神，这是错误的态度，人应该活到老学到老。现在有人以为学习就是要看书，这是片面的看法，日常生活中有我们更广阔的学习空间。

无论男人还是女人，与人交谈时，除了能带来兴趣外，还能增加自己的见闻。有了这种想法后，在你的世界里，应该不会再有不感兴趣的话题存在了。

最近年轻女性的话题总是局限于流行的服饰、首饰的潮流等，有的人除了烹饪以外，对其他的话题都不感兴趣，这种做法限制了话题的范围，她们又怎么能成为说话的高手？又怎能成为受人欢迎的人？

当然，和呆板的人交谈时，只要你多花一点心思去注意，你也会发现很有趣的地方。还有从与父母、朋友、上司、同事等的谈话中，也往往可以得到非常丰硕的收获。现在的年轻人，都具有很强烈的反抗意识，往往将双亲的话置诸脑后，实在是很可惜，请捺下性子，好好地听一次，你会发现很有趣、很有用的一面，听完后，你若觉得有必要批评的话，再去批评也不迟，批评和聆听是两回事。

　　一般来说，老人闲谈是很有趣的。当然，有时也免不了会觉得他们所说的话很无聊或是太落后。但是，不管怎么说，老人家的经验多，知识丰富，因此谈话的内容往往会很精彩，值得一听。

　　总之，要想使自己有丰富的话题可谈，还要善于向周围的人学习，因为他们的话题才是自己经常可能会谈到的，是交谈中最容易谈论、最轻松的话题。

第02辑
迈克尔·桑德尔教授讲"话语开场白"

人与人之间的交谈都是从第一句话开始的，但不是每个人都能够说好第一句话。什么时候说？怎样说？说什么？这些问题都是我们平时交谈会考虑到的。不会说话的人，见了面可能只是点点头就过去了，接下来就没话可说了。会说话的人，在交谈中往往能够把握主动，善于寻找话题来打开话匣子。所以，要提高说话的水平，光有满肚子要说的话还是不够的，还要懂得如何将它们说出口，如何轻松地与对方开始交谈，让双方都能够打开心扉，轻松愉快地沟通。

迈克尔·桑德尔，美国哲学家，美国哈佛大学政府系讲座教授，美国人文艺术与科学学院院士，当代西方社群主义（共同体主义）最著名的理论代表人物，哈佛大学"最受欢迎的课程讲席教授"之一。

第一讲　主动引谈话，说好第一句话

在与人交谈时，对方以为我是大学教授，为了和我对等，于是我常常遇到一些人挖空心思去想一些很有水平的话题，以显露自己的本事。但是，我奉劝各位，不要以为你是从哈佛走出来的——即使你是哈佛的高材生，你也有可能不是口才很好的哈佛生。过于显示你的水平，那是你没有顾及到对方，对方在你的这种示强形势下会怎样呢？他当然是不甘示弱，也会比你更加努力地找一些更加有水平的话。他找出了之后，你又怎么办呢？是不是又要搜肠刮肚地去寻找更有水平的话呢？这样循环往复，你俩就不是在交谈，而是在斗智。在交谈中，艰深的话题有时会给对方造成压抑，使得交谈难以进行下去。

实际上，要进行一次谈话并不是困难的事。

在日常生活中，真正的谈话高手，一些简短的寒暄就能引发谈话。每个人都可能流于平俗，都可能涉入到那简短的谈话，只谈论一些既缺乏机智又毫无意义的事情。然而这种短暂的交谈对于交谈的顺利启动却是必要的。

引发谈话的斗争是必须让对方说话，而切忌将谈话引入死胡同。如有时候我会说"史密斯教授，今天天气真好！"之类的话，而他应该问我"你准备去哪？"、"有什么要帮助的吗？"这样我就必须回答去哪里了，而不会用"是"或"不是"将他打发。

在开始一次谈话时，要经过一个"预热"的阶段。没头没脑地就开始一次意味深长的交谈是不明智的，不要期望一开始就像老朋友见面一样。

短暂的交谈不仅能为你引发一次谈话，而且可以用来为进一步的交谈预热，引导对方为进一步的交谈做好充分的准备。然后在这种交谈中观察别人的兴趣。这正如点篝火，不必期望用一个火把开始，只需一根小火柴就行了。只要方法得当，这一根小火柴就能让篝火熊熊燃烧……

但要特别注意的是，在交谈的过程中也不要太掉以轻心，成为一位沟通高手的艺术并不过多地依赖于你有多么聪明，或者你的经历有多么曲折，而在于善于启发、诱导别人讲话。要想成为出色的沟通高手就一定要避免在谈话中出现以自我为中心的现象。人们往往从始至终只对自己、自己的工作、家庭、理想感兴趣。其实，像"你是做什么工作的"这样一个简单的问题向他人传达了你对他感兴趣的信号，结果必然会使别人也对你感兴趣。

在提出这个简单的问题之前，你只需要在心里给自己提一个问题："通过交谈我究竟想得到些什么？"是想表现和炫耀自己呢？还是想与别人做成交易，让别人在议定书上签字，并得到他的准许和友善呢？很多人在与人谈话时容易犯的错误就是谈自己感兴趣的事，而不去谈别人感兴趣的事。你谈自己感兴趣的事，虽然自己兴高采烈，但别人却不一定会高兴，如果你要求别人办事、请别人帮忙，那你谈话的目的又怎能达到呢？

人们之间打交道，总是以礼貌的称呼开头。礼貌的称呼好像是一个见面礼，又好像是进入社交大门的通行证。称呼得体，可使对方感到亲切，双方交往便有了基础。称呼不得体，往往会引起对方的不快甚至愠怒，会使交往的双方陷入尴尬境地，致使交往梗阻甚至中断。

初次见面的第一句话是留给对方的第一印象，这第一句话说好说坏，关系重大。说好第一句话的关键是：亲热、贴心、消除陌生感。那么如何才能说好这第一句话呢？我给各位介绍几种常见的开始说话方式。

第一种方式就是"问候式"。凡见面必要相互问候，这是对人的礼貌，是一个人基本修养的体现。所以，要想别人很快认可你、接纳你，不妨就用"问候语"作为你们交谈的开始吧。

经常会用到的问候语就是"你好"。如果能够根据对象、时间的不同而使用不同的问候语，效果会更好。对德高望重的长者，问候要有一份敬意；对年龄跟自己相仿者，问候要显得比较亲切；对比自己小的人，问候要显得平易近人。如果有特殊的职业，还可以以职业作为称呼来问候，有尊重的意味。如果在节日期间，可以说"节日好"、"新年好"，给人以祝贺节日之感；如果是在一天的早晨可以说"您早"、"早上好"。

双方见面，要主动问候，以示礼貌。特别是当晚辈见到长辈、下级见到上级时，作为晚辈、下级的你要积极主动地问候对方，不要等对方来问候"您老人家"，否则，你可能会得罪人，令对方不快，可能会认为你这个人没礼貌、没教养，不会继续与你交谈。

第二种开始方式就是"攀认式"。攀认式给对方一种被人高攀的意境，让他觉得自己地位高，受人尊敬。同时，由于人固有的"拉关系"心理，所以，在与人开始说话的时候，不妨用点技巧，拉点关系。

这里说的关系有很多，比如说"故友"、"校友"、"同事"等，只要是能将你们归为一类，可以说都是一种关系。巧妙地将自己与对方归到一类里去，那么你们之间就建立了一种关系，这就会成为你们敞开心扉交谈的催化剂，你们之间的陌生、顾忌就会消失很大一部分。

第三种方式就是"敬慕式"，巧妙地将他人放在上风处。对初次见面者表示敬重、仰慕，这是热情有礼的表现。

第二讲　深入沟通之前要进行热身

和人交谈，我是不会一开始就进入正题的。会说话的人在深入沟通之前，往往会通过闲谈进行热身，等到时机成熟的时候才会进入正题，才会谈得深入。我觉得这样的沟通效果会更好。

有些人不喜欢"闲谈"，他们觉得"今天天气好啊"之类的话都是无聊的废话，他们不喜欢谈，也不屑于谈。他们哪里知道像这一类话，看来好像没有意义，但对促进交谈却有着很大的推动作用。闲谈是为交谈做准备，就像在打比赛之前，蹦蹦跳跳，伸手伸脚，做一些柔软体操或热身运动一样。

闲谈可以使大家放松一些，熟悉一些，造成一种有利交谈的氛围。通过闲谈，可以更加了解对方，有利于找到共同话题，有利于采用策略进行深入的交谈。比如说，熟悉后大家可以谈共同感兴趣的话题，可以回避一些对方的忌讳等，这都是在交谈中需要注意的。

天气几乎是沟通中最常用的普遍的话题，所以当交谈开始的时候，我们不妨谈谈天气。天气对于人生活的影响太密切了，天气很好，不妨同声赞美；天气太坏，也不妨互诉一下彼此的苦恼；如果有什么台风、暴雨或是季节流行病的消息，更值得拿出来谈谈，因为那是人人都关心的。

会说话的人，他们面对着各式各样的场合，面对着各式各样的人物，"如何谈"，"谈什么"，都具有相当丰富的经验。对于一般人，要能做得恰到好处，实在不是一件容易的事。倘若交谈开始得不好，就不能继续发展双方之间的交谈，而且还会使得对方感到不快，给对方留下不好的印象。

平时除了你最关心、最感兴趣的问题之外，还要多储备一些和别人"闲谈"的资料。这些资料应轻松、有趣，容易引起别人的注意。

除了天气之外，还有些常用的闲谈资料，例如：

1. 体育和娱乐

运动方面如足球、羽毛球、篮球，夏天谈游泳，冬天谈滑雪，都能引起人们普遍的兴趣。娱乐方面像看戏、看电影、听唱片，什么地方可以吃到精美的食品，怎样安排假期的活动……这些都是一般人饶有兴趣的话题。特别是有世界著名的音乐家、足球队前来表演的时候，或是有特别卖座的好戏、好影片上演的时候，这些更是热烈的谈资。

2. 健康和医药

谈谈疗效好的药品，介绍著名的医生，对流行病的医疗护理，自己或亲友治病的经验，怎样可以延年益寿，怎样可以增加体重，怎样可以减肥，怎样可以美容……这一类的话题，不但能吸引人的注意，而且对人的实际生活有很大的好处。特别遇到对方家里有人生病的时候，假如你能向对方提供有价值的意见，那他更是会对你非常感激的。事实上，有哪一个人、哪一个家庭没有这方面的问题呢？

3. 婚姻、家庭和子女

关于每个家庭里需要知道的各方面的知识，例如儿童教育、购物经验、夫妇之间怎样相处、亲友之间的交际应酬、家庭布置……这一切，也会使多数人发生兴趣，特别对于家庭主妇们。

4. 政治和宗教

倘若你遇到的人，大家在政治上的见解颇为接近，或是具有共同的宗教信仰，那这方面的话题，就变成最生动、最热烈、最引人入胜的了。不过，在谈论政治时，要把握分寸，不要引火烧身。很多人都对现状是不满的，他们会将这种不满归罪于当政者，如果你与对方的政见不同，最好还是闭口不谈。

5. 轰动一时的社会新闻

假使你有一些特有的新闻或特殊的意见和看法，那足够把一批听众吸引在你的周围。要不了多长时间，他们就会被你的口才所折服，会很乐于听你讲，并且积极地与你交换意见。比如"马航失联飞机到底去哪了"、"在乌克兰问题上，奥巴马输给了普京"。

6. 笑话

人人都喜欢笑话，假如你构思了大量各式各样的笑话，而又富有说笑话经验的话，那你恐怕就是最受人欢迎的人了。任何人都希望活在轻松愉快的氛围中，所以，轻松的笑话是最容易拉近人与人之间的距离的。

7. 自己闹过的笑话

例如，买东西上当，语言上的误会，或是办事摆了个乌龙等，这一类的笑话，多数人都爱听。如果把别人闹的笑话拿来讲，固然也可以得到一定的效果，但对于那个闹笑话的人，就未免有点不敬。讲自己闹过的笑话，开开自己的玩笑，除去能够博人一笑之外，还会使人觉得你是一个开朗大度，很容易相处的人。

8. 历险经历

自己或朋友亲身经历的惊险故事，往往最能引起别人的注意。人们的生活常常不是一帆风顺的，每天大家照常吃饭，照常睡觉，可是忽然大祸临头了，或是被迫到一个很远的地方，路上可能遭遇到很多危险……怎样应付这些不平常的局面，怎样机智地或是幸运地在间不容发的时刻死里逃生，都是人们永远不该漠视的题材。

生活中有这么多的闲谈话题，相信你在今后与人的交谈中，不会再为不知道如何与对方交谈而苦恼，也不会再为不知如何打开话匣子而发愁了。放开些，主动与人攀谈，从闲谈开始，学会与人说话，提高自己的说话水平。

第三讲　善谈者善于寻找话题

我从谈话的经验中得出，要谈得投机，谈得其乐融融，双方还必须确立共同感兴趣的话题。要提高说话水平，还需要善于寻找话题，掌握发掘共同感兴趣的话题的方法。

有人以为，素昧平生，初次见面，何来共同感兴趣的话题？其实不然。生活在同一时代、同一环境，只要善于寻找，何愁没有共同语言？

一位哈佛大学的教师和一名泥水匠，似乎两者是话不投机的。但是，如果这个泥水匠家里有孩子正在哈佛上学，那么，两者可就如何教育孩子各抒己见，交流看法；如果这个哈佛大学的教师正在盖房或修房，那么，两者可就如何购买建筑材料，选择修造方案沟通信息，切磋探讨。只要双方留意、试探，就不难发现彼此有对某一问题均相同的观点，某一方面共同的兴趣爱好，某一类双方关心的事情。

可见，要寻找话题并不是一件很困难的事。因为，在你的生活环境中，只要是看得到的东西，都可拿来当做话题，例如报纸、电视、自己的经验等。

交谈时，应该如何引起话题？仔细观察就会发现，在交谈中处于劣势的一方常常是寻找话题的责任者，例如在求人办事的过程中，求人者需要仔细挑选交谈的话题；在谈生意的过程中，希望合作的一方则有选择交谈话题的义务；至于在情侣的交谈场合中，往往会听到女人喋喋不休地谈论服装及流行趋势等，这通常是最常见的话题。

在交谈中，灵活地转换话题是一件非常重要的事情，更是谈话的技巧。即使一个最好的话题也会有兴趣低落的时候，这时，善于交谈的人就懂得在适宜的时机转换话题，不使别人生厌。转换话题有三种很自然的方法：

（1）让旧的话题自行消失。当你觉得这个话题已经没有什么新的发展的时候，你就停止在这方面表示意见，让大家保持片刻的沉默，然后开始另一个话题。

（2）在谈话进行当中很随便不经意地插入别的话题，把旧的话题打断。但不要使人觉得太突然，也不要在别人还有话要讲的时候打断。

（3）从旧的话题往前引申一步，转换到新话题上。例如，大家正在谈一部正在上映的好电影，等到谈到差不多的时候，你就说："这部电影卖座不坏，听说有一部新片就要上映。"新片又将吸引大家的注意力，这几句话就把话题转变了，可是大家的思想与情绪却还是连贯着的，所以，这是一个比较灵活妥善的办法。

有时候，交谈本身到了应该结束的时候，即使最有趣味的谈话有时也会因为客观条件的影响，非要结束不可。这时候，你要及时结束你的谈话，让大家高高兴兴地爽快地分手，不要等待对方再三地看表，不要忽略对方有结束交谈的暗示。否则，无论交谈内容有多么精彩，对方的心里也只有厌烦与焦急，不如让交谈在兴味淋漓的时候停止。

有人说："交谈中要学会没话找话的本领。"所谓"找话"就是"找话题"，找交谈的切入点。就像写文章一样，有了一个好题目，往往会文思泉涌，一挥而就很容易就能写得出一篇好文章来。同样，双方交谈，有了一个好的话题就能使谈话融洽自如。好话题，是初步交谈的媒介，深入细谈的基础，纵情畅谈的开端。好话题的标准是：至少双方比较熟悉，能谈；大家感兴趣，爱谈；有展开探讨的余地，好谈。

那么，怎样去挖掘一个好话题呢？

1. 找准兴奋中心

当跟众多的人在一起谈话时，要选择众人都感兴趣的事件为话题，激发起大家交谈的欲望。因为这类话题是大家想谈、爱谈、又能谈的，人人都有话，可见，都能发表自己的观点和看法，自然能使话题进行下去，以致引起许多人的议论和发言，进而产生共鸣。

2. 就地取材

巧妙地借用彼时、彼地、彼人的某些材料为题，借此引发交谈。有人善于借助对方的姓名、籍贯、年龄、服饰、居室等，即兴引出话题，常常能取得好的效果。"即兴引入"法的优点是灵活自然，就地取材，但关键是要思维敏捷，能迅速做出由此及彼的联想。

3. 试探询问

与陌生人交谈，先提一些"投石"式的问题，在对对方的年龄、职业、性格、兴趣等略有了解后再进行有目的的深入交谈，便能谈得更为自如。就好像"投石问路"一样，如在聚会时见到陌生的邻座，便可先"投石"询问："你和主人是同事呢还是同学？"无论问话的前半句对，还是后半句对，都可就此展开话题；如果问得都不对，对方回答说是"亲戚"，那也找到了可继续谈下去的话题了。

4. 循趣入题

试探出陌生人的兴趣，由兴趣起始，能顺利引发出话题。如对方喜欢看电影，便以此为话题，谈电影的优劣，讨论故事的情节等。如果你也喜欢看电影，那你们就找到了共同的兴趣，可顺利进入话题；如果平常不怎么看电影，那也正是个学习机会，可静心倾听，适时提问，借此大开眼界。

引发话题的方法很多，诸如"借事生题法"、"即景出题法"、"由情入题法"等。可巧妙地从某事、某景、某种情感，引发出一番议论。引发话题，重点在引，目的在导，使对方有话可说，诱发对方谈话的兴趣。

5. 一见如故

与人交谈时，还要在缩短彼此的距离上下工夫，力求在短时间内了解得更加多一些，缩短彼此认识上的距离，力求在感情上融洽起来。只有志同道合了，才能谈得投机。与人要做到能谈得投机，也有不少方法。

（1）适时切入。看准情势，不要放过应当说话的机会，适时插入交谈，适时的"自我表现"，能让对方充分了解自己。

交谈是双边活动，光了解对方，不让对方了解自己，同样难以深谈。对方如能从你"切入"式的谈话中获取教益，双方会更亲近。适时切入，能把你的知识主动有效地献给对方，实际上符合"互补"原则，奠定了"情投意合"的基础。

（2）巧找媒介。寻找自己与人之间的媒介物，以此找出共同语言，缩短双方距离。如见一个人正在看报纸，可从报纸上的一条新闻切入，与对方就这一话题展开讨论。对别人的一切表现出浓厚的兴趣，通过媒介引发他们表露自我，交谈也就能顺利进行。

（3）留有空间。留有谈话的空间以便让对方接口，使对方感到彼此之间的心是相通的，交谈是和谐的，进而缩短二人之间的心理距离。因此，和人的交谈千万不要把话讲完全了，把自己的观点讲死，而应是虚怀若谷，欢迎探讨，最好把做结论、归纳的机会留给对方。

6. 自作笑料

坦率地把自己的不足讲出来，不仅不会因此失去别人的敬重，还会引起别人的同情和爱怜。如能用开玩笑的形式讲出自己的不足，那就更能表现出你非同寻常的气度了。美国有位著名的主持人一次来哈佛演讲，在大家的掌声中走上前台，在上台时一不小心被地毯绊倒了，摔在地上。但她毫无慌张之色地爬起来，走到麦克风前说："真让我激动，我是为你们的热情而倾倒的。"于是，观众们给她以更加激烈的掌声。相反，如果面临困境，却还要想方设法地拼命掩饰、装腔作势，结果只会使别人感到你的可笑。因此，在与人交谈时，能够大胆地同自己开个玩笑是很明智也很了不起的做法。同时，也能使谈话现场的气氛活跃起来，增加别人对你的好感。

第四讲　从对方爱听的话说起

在谈话中，以对方爱听的话开始，我打个比方：就像牙医用麻醉剂一样，病人仍然要受钻牙之苦、钻心之痛，但麻醉剂却能消除苦痛，消除病人心中的恐惧、拒绝之意。因此，要想轻松引入话题，改变一个人的想法，并且不会引起对方的反对、憎恨，学会先说对方喜欢听的话是很重要的。

人人都喜欢听好话、美话，即使是初次见面也不例外。恰当地使用对方喜欢听的话开始交谈，可以消除人与人之间的陌生，拉近交谈者间的距离。"好话"是人际关系的润滑剂，在开始正式交谈之前，灵活使用"好话"是促使交谈成功的一个重要手段。

每一个人都有自认得意而希望别人欣赏和赞美的事情，这事情的本身，可能没有多大的价值，但在他本人看来，却是一件值得终生纪念的事。如果你能在有意无意之间，很自然地讲到他得意的事情，只要他对你没有厌恶的情绪，只要他目前没有其他不如意的刺激，在情绪正常的情况下，他一定会高兴听你说的。

但在实际中，诸如商业交谈伙伴一般都不是很熟悉，他们也不会给你太多的时间去讲废话。那么，怎样才能使他们愿意听你说下去呢？会说话的人会使用几句恰当的赞美开始交谈，使对方高兴，失去陌生人或生意人之间常有的那种戒心，以此来打开话题，从而顺势提出自己的想法，轻松获得对方的赞同。

因此，你在说的时候当然要注意技巧，表示敬佩，但不要过分推崇，否则反而会引起对方的不安。对于某件事情的观点，要慎重提出，加以正反两方面的阐述，使对方认为你是他的知己。到了这种境地，他自会格外高兴，自会亲自演述，这时，你就应该一面听，一面说几句表示赞赏的话，如此一来，即使他是个冷静的人，也会变得和蔼可亲，你再利用这机会，稍稍暗示你的意思，作为试探或者作为第二次进攻的基点。这时，你已经获得了初步成功，如果碰上对方正好高兴的时候，而且你的谈吐又是很容易令人接受的，你就可以等着收获成功的果实了。

看看下面这个例子，采用的是先说对方爱听的话，等对方高兴得意的时候，才表明来意，进入正题，谈话也获得了成功。

很多年前，哈佛大学因缺乏资金修缮校舍，不得已决定向本市玻璃制品商场经理史密斯求援。校长之所以打算找该经理，是因为这位经理重视教育，曾捐款一万美元发起成立"奖教基金会"。遗憾的是听说近两年商场的经营一直不理想，眼下要向他征集捐款，校长深感"凶多吉少"，希望渺茫。但是想到哈佛的建设，只好"背水一战"了。

一见面，校长就说："史密斯先生，久闻大名。我近日在城里开会再一次听到教育界同仁对您的称赞，实在是钦佩！今日散会返校，途经贵府，特来拜访。"

史密斯忙说："不敢当！不敢当！"

继而校长又说："经理您真是远见卓识，首创奖教基金会。不但能实实在在地支持教育事业，更重要的是，您的思想影响深远。奖教基金会由您始创，如今已由点到面，甚至发展到全美许多地区，真可谓香飘万里，闻名四海啊！"

校长紧紧围绕经理颇感得意的话题，从思想影响到实际作用等方面予以充分的赞美，说得史密斯满心欢喜，神采飞扬。

正在史密斯高兴的劲头上，校长转而自悲地诉说自己的"无能"和悔恨："身为一校之长，明知校舍摇摇欲坠，时刻困扰学生的学习，日夜危及师生的生命安全，却束手无策。要是教育界领导都能像史密斯先生您这样，真心实意酷爱人才，支援教育，只要拨一万美元就能解决问题了，可是学校到目前为止申报不少于十次，仍然是不见分文啊。"

听到这里，史密斯先生立即起身拍拍胸脯说："我们怎么能让哈佛师生住危房呢？你就不必再打报告求三拜四了，一万美元由我来捐给你们。"

校长一听，心里的石头放下了，他紧紧握住经理的手，再三表达自己的深深谢意。

这位校长可谓十分高明，他巧妙地采用美誉推崇的方式打开话题，顺势直陈自己面对的困难，使对方在高兴的时候听到自己的悲苦，从对比中产生同情之心，慷慨地解囊相助。

可见，说别人爱听的话，就要找别人自鸣得意的事情说，但是，对于交际中碰到的对象，有的甚至是初次见面，要从哪里去探听他们得意的事情呢？这就需要另谋途径去了解你的交谈对象。

你可以充分利用自己的资源，看看朋友当中，是否有与对方交往的人，如果有，向他探听当然是最容易的。平日看新闻的时候，也要做个有心人，记住一些新闻里提到过的令对方得意的事情，到时便可以应用。此外随时留心交际场中的谈话，从谈话中探听到对方得意的事情，也是很可能的事。

在打听对方得意的事情的时候，一定要弄清楚来龙去脉，注意这些事情是否因对方受到某种打击而成过眼云烟，如有这种情形，千万不可再提起，那等于是自讨没趣。对方在高兴的时候，容易接受你的请求或是观点，对方在不高兴的时候，即使是很平常的请求，也会遭到拒绝。比如对方刚做成一笔大买卖，你一开始的话题就是夸奖他目光如何准，手腕如何新，引得他眉飞色舞，之后，你乘机表明来意，多半你的愿望是可以实现的。诸如此类的机会很多，全在于你随时留心，善于利用。

不过当你提出请求时，第一要看时机是否成熟，第二说话要不亢不卑。过分显出哀求的神情，反而会引起对方藐视你的心理。你的心里尽管

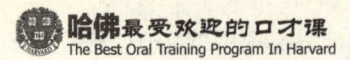

十分着急,说话表情,还是要表现出大方自然,并且要说出为对方着想的理由来,而不是光为你自己打算。

第五讲　开头说好"场面话"

很多哈佛学生不知道什么是"场面话"?我们可以望字生意,既然说是"场面话",可想而知就是在某个"场面"才讲的话,往往就说三言两语,这种话不一定代表你内心的真实想法,也不一定合乎事实,但讲出来之后,就算对方明知你"言不由衷",也会感到高兴。

说场面话的目的无非是为了与对方套近乎,套近乎是交际中与陌生人、尊长、上司等沟通情感的有效方式。套近乎的技巧就是在交际双方的经历、志趣、追求、爱好等方面寻找共同点,诱发共同语言,为交际创造一个良好的氛围,进而赢得对方的支持与合作。

一位日本议员去见埃及总统纳赛尔,由于两人的性格、经历、生活情趣、政治抱负相距甚远,总统对这位日本议员不大感兴趣。日本议员为了不辱使命,搞好与埃及当局的关系,会见前进行了多方面的分析,最后决定以套近乎的方式打动纳赛尔,达到会谈的目的。下面是双方的谈话:

议员:阁下,尼罗河与纳赛尔,在我们日本是妇孺皆知的。我与其称阁下为总统,不如称您为上校吧,因为我也曾是军人,也和您一样,跟英国人打过仗。

纳赛尔:唔……

议员：英国人骂您是"尼罗河的希特勒"，他们也骂我是"马来西亚之虎"，我读过阁下的《革命哲学》，充满幽默感。

纳赛尔：（十分兴奋）呵，我所写的那本书，是革命之后，三个月匆匆写成的。你说得对，我除了实力之外，还注重人情味。

议员：对呀！我们军人也需要人情。我在马来西亚作战时，一把短刀从不离身，目的不在杀人，而是保卫自己。阿拉伯人现在为独立而战，也正是为了防卫，如同我那时的短刀一样。

纳赛尔：（大喜）阁下说得真好，以后欢迎你每年来一次。

此时，日本议员顺势转入正题，开始谈两国的关系与贸易，并愉快地合影留念。

日本议员的套近乎策略终于产生了奇效。

在这段会谈的一开始，日本议员就把总统称为上校，降了对方不少级别；挨过英国人的骂，按说也不是什么光彩事，但对于军人出身，崇尚武力，并获得自由独立战争胜利的纳赛尔听来，却颇有荣耀感；没有希特勒的实力与手腕，没有幽默感与人情味，自己又何以能从上校到总统呢？接下来，议员又以读过他的《革命哲学》，称赞他的实力与人情味，并进一步称赞了阿拉伯战争的正义性。这不但准确地刺激了纳赛尔的"兴奋点"，而且百分之百地迎合了他的口味，使议员的话收到了预想的奇效。日本议员先后五处运用寻找共同点的办法使纳赛尔从"不感兴趣"到"十分兴奋"而至"大喜"，可见日本议员套近乎的功夫不浅。

去别人家做客，要谢谢主人的邀请，盛赞菜肴的精美丰盛可口，并看实际情况，称赞主人的室内布置，小孩的乖巧聪明……

赴宴时，要称赞主人选择的餐厅和菜色，当然感谢主人的邀请这一点绝不能免。

参加酒会，要称赞酒会的成功，以及你如何有"宾至如归"的感受。

参加会议，如有机会发言，要称赞会议准备得周详……

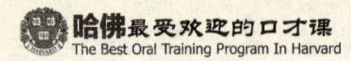

参加婚礼，除了菜色之外，一定要记得称赞新郎新娘的"郎才女貌"……

至于"场面话"的说法，哈佛也没有一定的标准，因为这要看当时的情况决定。不过切忌讲得太多，要点到为止最好，太多了就显得虚伪而且令人肉麻，这样就让人看出我们的真面目了。

大人物也好，小人物也好，这种让人从心里感动的"场面话"都应该多说，这样会给自己的人际关系创造一个良好的氛围。所以，在很多情况下，场面话我们不想说还不行，因为不说，会对自己的人际关系造成影响。

第03辑
伊莱恩·凯玛克教授讲"说话的差异性"

说话的差异性是指根据说话的对象、语境的不同，采取不同的沟通方式，这样才能取得良好的沟通效果。根据说话对象和时机的不同特点说相宜的话，是建立和谐人际关系不能缺少的说话技巧。一流的人际关系以一流的说话水准为基础，一流的说话水准又必须以看对象说话的能力为依托。伊莱恩·凯玛克教授主要从两个方面强调"说话的差异性"：时机和对象的不同，说话的方式也要有所不同。

伊莱恩·凯玛克，哈佛大学公共政策学教授。出生在英国，毕业于牛津大学公共管理学院。他提出，当今政府创新有三大趋势：第一是企业化运作的政府，第二是网络化运作的政府，第三是市场化运作的政府。他能将呆板的公共政策学风趣地表达出来，深受哈佛学生的喜爱。

第一讲　适宜的讲话时机最能打动他人

善于巧妙地把握说话机会是很多哈佛人士在社会交际、沟通交流中的一大特点，他们的言谈能很快使周围的气氛热烈起来，也可以让自己充满激情、幽然、智慧的语言感染他人。有人会问，为什么从哈佛走出来的很多人会有这样的能力呢？今天，我就来回答这个问题。

很多人在与人谈话的时候，他的出发点主要是为了表达自己的某种意图和愿望，有时不去过多地考虑谈话对象的心情、思维以及对事物的认识。如果是这样，就是没有恰到好处地让别人理解你，谈话的目的也就往往达不到预期的效果。

不同的场合，周围的环境、群体的气氛都与人的心境有关，但你如果要用语言来表达自己的意图，让人接受你的观点，把你想找的谈话对象特有的心境作为一个独立的要素提了出来是很有必要的。试想，你与一个情绪低落、心绪不佳的人交谈，恐怕不但达不到预想的效果，就连欢乐和愉快的气氛都达不到。

例如，妻子回来后根本没有看丈夫的脸色如何，就抱怨说："你回到家只顾看电视，喝茶，连饭都不做，难道非要等我吗？"丈夫也是在工作时窝了一肚子怨气："我刚刚才进屋，你进门就数落，你不愿做饭就别做，别再来烦我！"妻子叫道："你烦？我比你还烦！"

接下去的场景就可想而知了，一场无谓的争吵开始了。

所以说在任何环境，说话以前先看看对方的脸色，揣摩一下对方的心绪如何，考虑从什么话题切入才能引起对方的兴趣是十分必要的。

比如上面提到的夫妇，可能在外面都忙了整整一天，在工作中，在同事中间也许还会发生不畅快的事情，如果回到家中不顾对方的心境如何，无缘无故地指责，当然就会引发无端的争吵。

如果换一种说话方式，情景就会大有改变。

例如，妻子进门说："今天公共汽车太挤了，回来晚了。哦，还没做饭，我马上去做。"

我想，这时丈夫也许会马上跳起来说："我也刚刚进屋，你休息一会儿，我去做。"

这种说话的方式还能引起争吵吗？

在我们的周围，有许许多多乐于说话，善于说话的人，但真正能很好地把握住说话时机的人却不是很多。哈佛毕业的很多人之所以口才好，是因为他们能够把握说话时机。把握说话时机，一般有以下两种方法。

一是引导启迪法：这种说话的主要方式一般是直奔主题，根据对方的心理先做一段铺垫，就是我们常说的"一阵寒暄"，或者是根据周围的气氛、环境引发对方感兴趣的话题，然后再慢慢进入主题，打开对方的"话匣子"，这样一来话题就可以广泛、深入起来，说者的意图、观点和目的也就能充分地表达出来。

二是单刀直入法：这一般都应用在对方工作较忙，心绪较好的时机下，说话时开门见山，直抒胸臆。在使用这种方法时你不必大段地描述困难、理由和原因，可接直接叙述你要做什么，你需要什么。因为你既然去找讲话的对象，他就明白你的需要和要求是什么，再重复陈述反而让人认为你是画蛇添足，你的喋喋不休有时还会引起对方的反感。

要想说话打动人，我们平时一定要多用和善的语言。在自己做错的时候，和善的语言常常会起到意想不到的效果。比如我在学校的食堂里看到，一个男生不慎将热汤洒在了一位女生的裙子上，他说："真对不起，把汤洒在你这么漂亮的裙子上，多么难洗啊。"这种善意亲切的语言一下改变了气氛，这位男生既承认了自己的错误，又对女生的裙子给予了赞誉，还道出了"难洗"的关切，这种"一石多鸟"的语言让女生很受感动。

如果想让自己掌握说话的最佳时机，让语言在最大的限度上去打动别人，就要特别注意把时机放在对方心情平静的时候，因为人在心绪不佳或正处在烦恼的时候整个注意力正集中在其他的事情上，根本不会有心思听你的讲话，考虑你的问题。如果在公共场合，就应该用简捷明了的语言表明你的观点和立场。记住：语言在精，而不在多。

事实上要注意下面几点谈话技巧：

1. 问话

在一些会议上，常可以听到主持人这样问大家："我讲完了，不知大家还有什么高见？"从表面上听，这样的问话好似充满虚心，但都没有实质性的意义，也无法打动别人。因为谁敢肯定自己的见解就是"高见"呢？其实不如这样说："大家可以畅所欲言，有什么想法尽管提出来。"

有很多这样的情况，同样是一句问话，甚至词句都一字不变，但只要重新组合，换一种方式发问，得到的效果就截然相反。在一个教堂里，有一天教士在做祈祷，有一个教士熬不住烟瘾，便问主教："我祈祷时可以吸烟吗？"结果，遭到主教的斥责。第二天另一个教士也犯了烟瘾，他却换了一种方式发问："我吸烟时可以祈祷吗？"主教笑了笑，答应了他的请求。

在工作、学习、生活中你也许会碰到这样的事情，自己提了同样的要求他不肯答应，别人提出来他居然答应了。我想你应该分析一下原因，是不是你在提出问题时在语言的应用上没能打动他？

当然在谈话中还有许多技巧性的东西，一般有以下几种：

设定上尽量减少广泛性的提问，因这样一般得不到理想性的回答，也会延长问话的过程，有时甚至问了几次也没问明白。比如来了一位客人，你问："您想喝点什么？"这样的问话让客人有时很难回答，一是他不知道你的冰箱里都有什么，二是不知主人都习惯喝什么。如果客人说："来杯咖啡吧。"但这时你的冰箱里恰巧没有咖啡，就会造成尴尬。

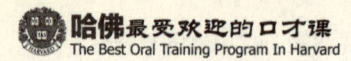

你不如这样问："您想喝茶还是可乐？"这样就限制了对方的选择范围。

2. 婉转

在某些场合问话一定要注意婉转，用婉转的语言去打动对方也是不可或缺的问话技巧。因为它可以避免当面直接拒绝对方出现尴尬局面。

你若是这样直接地问："我们到哪家饭店去吃饭？"对方也许还有其他需要做的事情，因此会拒绝你的邀请造成不愉快。如果你换一种问话方式："你有时间的话陪我一起去吃饭好吗？你看去哪家饭店比较合适？"这样发问就给对方留有很大的回答空间，他要拒绝你也会有充分的理由。能让双方的心理都得到平衡。

3. 协商

如果要求别人按你的意愿去做事，应避免武断地命令，最好用商量的口吻向对方提出。比如你向同学借一本参考书，把意图讲清之后，应该问："如果您暂时不用，请借给我用一下好吗？"这样的语气就比较妥当。

4. 限制

把问话指定在你所要提问的范围，不要漫无边际。比如你问一位留学生："你到哈佛干什么来了？"这样发问让人很难回答。如果你这样问："你到哈佛是为学习经济学吗？"他就会在你指定的范围内回答："是的。"或者："不，我是来研究国际法的。"

当然，问话的方式也并不局限在以上几点的范围内，在交际过程中要从实际需要出发灵活运用，恰当地选择发问的方式，求得最佳效果。

第二讲　与同一个人说话也要看不同时机

你要跟对方说话，应该注意什么时候最适宜。对方正在工作紧张的时候，不要去说话；对方正在焦急的时候，不要去说话；对方正在盛怒的时候，不要去说话；对方正在放浪形骸的时候，也不要去说话；对方正在悲伤的时候，更不要去说话。只要有上述几种情形之一，你去说话，一定会碰一鼻子灰，不但说话的目的达不到，而遭冷遇、受申斥也是意料中的事。

所以我一直告诫我的学生：遇到得意的事，就找得意的人谈；遇到失意的事，就找失意的人谈。和失意的人谈你得意的事，你不但是不知趣，简直是在挖苦、讥讽他，他对你的感情，只会更坏，不会变好的。和得意的人谈你失意的事，他最多对你表面应付，决不会表示真诚的同情。有时还可能引起误会，以为你是要请他帮忙，他会预先防备，使你无法久谈。所以你要诉苦，应找相同情形的人去诉，同病自会相怜，不但能得到精神上的安慰，亦可稍抒胸中不平之气。你要谈得意事，应该跟得意的人谈，志同道合。年轻人涵养功夫不够，稍有得意的事，便逢人就说且自鸣得意，结果招人骂你器小易盈，笑你沾沾自喜，无意中还会惹起别人的妒忌。偶有不如意使你满腹牢骚，如有骨鲠在喉，不免逢人就诉，结果惹人讨厌，说你毫无耐性，甚至笑你活该。

通过观察，我们很容易发现一个男子和一个女子，或几个男子和几个女子在一起时，谈话的局势可称半斤八两，谈话的平行发展是不成问题的。但是，如果一个男子置身于几个女子之中，或一个女子置身于几个男子当中，情形就有些不同了。

一个男子最为苦恼的，就是他置身在几个女子当中的时候，不易找到一个插入谈话的机会。有些女子决不会为旁边的那个男人着想，她们开始谈头发、谈衣服、谈胸饰、谈鞋和丝袜，所论及的都是那么琐碎，以致那惟一的男子虽不完全外行，也不好意思插进去说上几句，这该怎么办呢？如果不愿意缄默，又不便离开，他必须设法打破这个局面，应该设法把谈话的范围引带到较广阔的境界去，但不能谈政治。

男人与男人之间所谈的话题是广阔的，也许是政治，也许是经营之道，也许是社会问题，也许是国际形势。在这种场合中的女子，可以一直保持缄默，但必须保持一种倾听的态度。如果一个女子想把话题转移到发式、衣饰方面，那几乎是不可能的，男人们决不会对这类话题保持长久的兴趣。

同样一句话，你对甲说，甲会全神贯注地听，你对乙说，乙却顾左右而言他。这时候对甲说，甲乐于接受，而另一个时候对甲说，甲却觉得不耐烦。这除了表示甲乙两个人的生活环境不同，也表示甲前后的心情不一样。

总而言之，你要说话，先要看准对象，他是愿意和你说话的人吗？如果所遇非此种人，还是不说为好。这是你说话的时候吗？如果时机不对，还是不说话的好。说话的成功与失败，诚然与你的说话技巧有关，而是否得其人得其时，也与你说话的成败有很大的关系。多说话，别人未必当你是能干；少说话，别人也未必当你是呆子。

第三讲　因人而异用不同的措辞

据说，英国的维多利亚女王与阿尔伯特相亲相爱，关系融洽。但由于妻子是一国之王，忙于公务，而丈夫又不太关心政治，所以，有时也难免闹些别扭。

一天深夜，女王办完公事，回到卧室，只见房门紧闭，只好咚咚咚地敲起来。

阿尔伯特问："谁？"

女王回答："我是女王。"

房门没有打开。女王耐着性子再敲。阿尔伯特又问："谁？"

女王回答："我是维多利亚。"

房门还是没有打开。女王想了想，再次敲门。

阿尔伯特再问："谁？"

女王回答："你的妻子。"

门"吱呀"一声开了，同时张开的，还有阿尔伯特的一双温情的手臂。

维多利亚女王的三次回答告诉我们一个道理，对不同的人应该使用不同的措辞。维多利亚虽然是全英国民众的女王，但是回到家里她却是阿尔伯特的妻子，妻子和丈夫说话显然不能用平时在公众场合下的措辞。"你的妻子"才是最适合夫妻间的言语措辞。

我们在与人交往的时候，如果所讲的事情能够带来心灵的变化，那么，其结果也将改变人际关系。你所讲的事情与你讲话的方法，应该视与对方的交情深浅而变化，也就是因人而异用不同的措辞，这也是语言的技巧问题。

有关措辞的使用，对于上级或不太亲近的人，要用敬语，对小孩就用对待小孩的语言。也就是说，如果对任何一种人都用同样的措词、同样的口气说话，人家岂不会认为你这个人有毛病？也可能你在使用敬语时，对方会说"你竟然这样对我说话，这还算是朋友吗？"或是"千万别说那种见外的语，我们交往了多年，应该说是好朋友了"。这就是你的措词不当造成的。因此，正确的措辞和表达方式，是依靠彼此心理的亲疏而定的。无论何时，如果对任何人都以同样的方式进行交谈，总会发生矛盾，重要的是在交谈前就要分清楚。轻浮而善于逢迎的人多失败在这上面。

是否能正确地衡量他人与自己的关系，这是各人的教养，这也是为什么有教养的人说起话来总让人感到如沐春风的关键所在。

首先，应先了解对方的一些经历和生活状况。由于思维方式的不同，也要特别了解他的生活愿望，生活观点。

其次，必须注意对方的心境特征。如果在交谈当中，不顾对方的心理变化，而一味地将想法统统搬出来，那么，你是得不到他的认同的。一厢情愿的谈话往往会让对方厌恶。

不该说话的时候说了，是犯了急躁的毛病；该说话的时候却没有说，从而失掉了说话的时机；不看对方的态度便贸然开口，那就是闭着眼睛瞎说。在交谈过程中，双方的心理活动是呈渐变状态的，这就要求我们在和人交谈中应兼顾对方的心理活动，使谈话内容和听者的心境变化相适应并同步进行，这样才能让交谈达到明朗化，引起对方的共鸣。

性格外向的人易于"喜形于色"，和他可以侃侃而谈；性格内向的人多半"沉默寡言"，则应注意委言婉语、循循善诱。

第三，必须考虑到各种忌讳。

前不久，有位旅游者在美自杀了，为了减少话语的刺激性，经再三推敲，最后在死亡报告书上回避了"自杀"两字，而用了"从高处自行坠落"这一委婉语。在语言交流中讲究讳饰，也就是"矮子面前莫说矮"，应做到"哪壶不开就别提哪壶"。在社交场合用这些讳饰式的委婉语，临场可不至于大煞风景。

另外，也可以用曲折含蓄的语言和商洽的语气表达自己的看法。与名人说话时，不要有害羞畏怯的心情，只要真正表现你内心的意思，你就能与任何名人开口说话。有些人对名人只是一味地说些奉承话及空洞话，这样是不能使对方愉快的。如果你是真诚的，那你就把深烙在内心的印象，说给他听，他会感到很愉快，但所用的措辞和说话的态度都要得体。你可以把他视为一位有血有肉的人来对待，对他提出一些能够表达感情的问题，不要把他视为什么超人。他也实实在在像任何人一样的，敌不过疲倦，也承受不住伤害。他可能比你更脆弱，而且与你一样害羞。不要认为他的人格真的就如他借以出名的职业完全一样，他向公众所投射的信心、睿智、仁慈、滑稽或性感等影像，实际上往往是杜撰的。

名人往往比寻常人做出更多的奉献，但他们也有私人的嗜好。当你准备去拜访某位名流时，你可以预先做点谈话内容的准备，如果他是位知名度很高的名人，那么，你可以向有关方面的人去打听。比如他被邀来本地演讲，而你想与他结识，那你即可向邀他来的单位或个人，索取有关他的资料，你一般是不会被拒绝的。

我们与大人物接近，最重要的就是不要忽略了他们也是人，对待他们，完全要像对待平常人一样，他们也有欢乐，有悲伤，有缺点，有痛恨，有惊恐，是和平常人一样有感情，他们并不是上帝或神的傀儡，他们并不因为有了地位就不再是人。他们是和你一样的，这即是你和他们接触最坚实的基础。他们在什么时候都不是神或上帝。

与有钱人说话也要注意措辞的准确性。因为俗话说"财大气粗"，不注意分寸，必定会得不偿失。有钱人比名流还要敏感，他的富有往往是别人与他谈话发生困难的关键，他的财富使你对他敬而远之——不只是心理上，实际上你的生活方式就和他有很长的一段距离。

当你遇到有钱人时，你可以设法让他说往事。过去的工作是否比现在更有趣？他到达现在这个地位的关键是什么？谁是早年助他成功的英雄？当年的老板是否使他紧张？他怎样赚到他的第一桶金？如果一个问题问得他不大自在，你就准备跳到其他问题上去吧。不要盯着问，那会很不愉快的。

在社交场合，我们不宜要求各种专业人员提供免费的建议。即使你的问法很有技巧，那也是一种冒犯，即使你问得再有技巧也瞒不过专业人员。男人常喜欢在交易场合和律师谈他们的敌手之间的问题，女人则喜欢在公共场合和医生谈她们的孩子和丈夫。这其实与我们经常所遭遇到的向电器商人索取免费的电器，并无不同。各种专业人员的职责，便是向他们的客户出售商品，但我们应该在他们的营业时间内向他们提出各种建议。

当你和银行家、鞋店老板或任何孩子的母亲谈话时，你均不宜过分直率。坦直是无可厚非的，但适当的含蓄更值得学习。当我们说，你是怎么使这么多人光顾你这地方？与我们说，你这地方何以总是乱成一团，往往所表示的意思是一致的。但是，你要知道，前者是不会使人难堪，而后者常会引起听者的羞怒。那么，我们何以不取前者呢？

说话不是竞争，不是斗嘴。商人把他的时间和金钱都投资在他的事业之中，并与其他的同行竞争，这是他们为争生存所付的代价，其中有些人发达起来，有些人仍奋力维持。如果他们能遇见一位能和他们交换意见而没有敌意的人，他们会觉得幸福和快慰的，如果你能发现他们可引为尊荣的地方，以及他们觉得有成就和有价值的地方，那么，他们在你的眼前就会开花结果，你们就能缔结有建设性的友谊。

第四讲　轻松应付不同类型的人

　　在一家会计师事务所，哈佛学生罗斯遭遇了最"惨痛"的一次面试。那次的考官是个小伙子，问了他几个常规问题后，话锋一转开始问他的兴趣爱好。罗斯先生平日里爱看法国小说，就随口扯起了法国小说，结果考官来了劲，张口雨果闭口巴尔扎克和他聊了起来。

　　话题轻松，聊的又是罗斯先生的"强项"，因此罗斯先生很放松，有恃无恐。原定半小时的面试，他们聊了一个多钟头还没尽兴。眼看临近中午，年轻考官干脆站起身来："走！咱们边吃边聊！"

　　吃饱喝足后，考官乐呵呵地说："回去等消息吧。"罗斯先生也乐呵呵地说："希望以后有机会再聊。"罗斯先生回去后乐悠悠地等啊等，最后居然等到一封拒绝信！他简直傻了眼，怎么也想不通，最后他拨通了那个考官的电话，对方回答说："这个岗位要求员工性格比较稳重……"原来是罗斯先生的话太多了。

　　不久后，罗斯先生又去一家电讯公司面试，这回考官还是个小伙子，他感到再次遭遇了"不幸"。谈了几个技术问题后，考官突然问："×××是你们辅导员吧？那个傻人是我哥们，什么好事他也没干过，现在居然当老师了噢！"傻，傻人？又是陷阱？罗斯先生傻了眼，一时想不好该如何回答。年轻考官一眼就看出了他的尴尬，大大咧咧地拍他的肩膀说："紧张什么，该问的都问完了，不过是随便聊聊嘛！但是，我们公司向来很宽松的，你好像太拘谨了一些噢……"

　　从那以后，罗斯先生再遇到这种"毛头小子"就开始紧张：这回是放

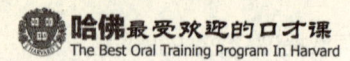

松点，还是戒备点？

从上面的例子可以看出，罗斯先生之所以连连失败，是因为他没能了解对手，没能运用好"见人说人话，见鬼说鬼话"这个技巧。年轻的考官往往善谈，肢体语言丰富，面试时想法随意，大有天马行空之势。对付这样的人，最好的"武器"就是以不变应万变——坦诚相待，尽量表现出自己真实和精彩的一面。

约翰到一家软件公司应聘。考官一开口就劈头盖脸地"砸"来一堆技术问题，约翰都轻松地应付过去了。但最后一题，却被卡住了。约翰想来想去，觉得该题好像和Linux系统搭点边，所以他随机胡扯了几句，心想"错了也不要紧，反正你前面问的都没难倒我！"

正当约翰伸长脖子准备挨他一刀时，考官却毫无反应，只是高深莫测地"嗯"了几声，似乎还在等下文——只要稍懂点Linux皮毛，就会听出约翰是在瞎讲。难道这个考官不懂？

约翰大喜，差点乘胜追击，出一出刚才被严厉打压的恶气。话到嘴边又咽了下去，改成很谦恭的微笑："当然，我对Linux系统也是略窥门径，这个问题，我可能没法更进一步回答……"

约翰顺利过关，后来他还证实，那个考官确实不懂。

像约翰这样，遇到一个不太懂行的考官，一定要见好就收，大致发挥几句，让他知道你博学多才就可以了。让考官没面子可不是件好事，气量小的可能直接就把你从名单里勾掉了。就算他心胸宽大，一样有足够的理由拒绝你：不懂得收敛和谦虚的人，进了公司也会很难和同事合作。

艾丽斯是一个学电子学的本科毕业生，她有幸被一家公司选中，进入到最后一轮面试，考官是公司的香港大老板，四十多岁，相当精干。当艾丽斯进门时，那个老板从一堆文件里抬起头来，"努力"向她和善地笑笑，他的笑容很僵硬，就像一件被"浆"硬了的衬衫，挺有型，但是不自然。

笑完了，他如释重负地板起了脸，开始问些"你的个人发展计划"、

"你为什么选我们公司"之类的问题。艾丽斯都机械答完后，他沉吟了一会，突然问道："如果一台联网的打印机坏了，你会怎么解决？"艾丽斯按最直接的思路回答："先检查一下打印机，如果没问题，再去检查网络。"

"不对，应该先检查一下网络。"艾丽斯话音刚落，他就皱着眉头，干脆利落地给了艾丽斯当头一棒。咦，这有什么关系，查打印机不过是一会儿的事，查网络倒要花很大的工夫，反正两边都要查，干嘛不从简单的入手？万一这边查来查去没问题，跑过去一看原来是哪个家伙把打印机关掉了，岂不是要让人吐血？虽然不服气，艾丽斯也没有回嘴。

接下去的十几分钟简直是场恶梦，老板不停地问技术问题，艾丽斯不停地回答，却不停地听到"不对，应该是……"。两个人都怨气冲天，但是考官是有资格摆脸色给求职者看的，而求职者却只有拼命冲他那张扑克脸微笑再微笑，苦苦地支撑……

"唉，这次肯定没戏了。"艾丽斯脸色难看地回了家。谁知一周后，这家公司的录用书从天而降。

大老板的风格一般会走两个极端，一个是严谨派。他一般不会刻意刁难你，但会固守自己的一套思维模式，只要你的思路不合他的要求，他便毫不留情地指出。这时切记不能被他打压住，如果你彻底丧失信心，显得唯唯诺诺，在他眼里你非但业务不行，连人品也不上档次。另一个是随和型，喜欢和你拉些家常，不管你说什么他都会频频点头，只要你不拘谨就问题不大。不过得意之余尤其记住不能话太多，任何老板都不喜欢轻浮的人。建议你多表现自己稳重的一面，哪怕立刻能答，也要稍稍"思考"一下再开口。

总之，我们应该学会"见人说人话，见鬼说鬼话"的技巧，应付不同类型的人，抓住他们的习惯和喜好，使他们被你的语言所征服。

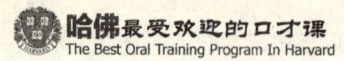

第五讲 投其所好才能好沟通

谈话时不能总讲自己所喜欢的，但也不能总是讲别人爱听的，这两点走上哪一个极端都不能得到最佳效果。也可能会导致谈话的失败。但是在谈话时投其所好，你的话才能发挥出最大的效应，才能达到你的初衷。

如想真正让你的谈话达到投其所好并有效力，我想你首先应做到以下几个方面。

1. 要用其他的方式让你的谈话对象感到被尊重和被欣赏

我通过观察发现，人们在内心都对自己的表情更感兴趣，对自己的问题更加关注，更喜欢自我表现。你如果能充分利用行为、表情等方式表示对谈话对象所做的表情很感兴趣，他就会感受到自己受到尊重和欣赏，他对你的语言也就很容易接受。

2. 要学会倾听，增加沟通的效力

打个比方，一个推销员如果只顾自己一个劲地宣扬自己的产品如何好，而不去倾听顾客的话，他就无法了解顾客的心理，他的推销效果也一定不是很好。甚至会令顾客感到他是在花言巧语，夸大其词而产生逆反心理。一个杰出的推销员说过：最有效的推销方式是自己只说三分之一的话，把三分之二的话留给对方说，在这三分之二的时间里就是倾听。

我想，这种聪明的倾听既能使推销员了解顾客对产品的反映，购买产品的各种顾虑，又能让顾客充分展示自己的想法和智慧，使双方的沟通加强，推销的效果也能得到很大提高。

那么，我们先来看一个有关倾听的小故事：

美国南北战争曾经陷入一个困难的境地，身为总统的林肯，身心都顶着来自多方面的压力。他把他的一位老朋友接到白宫，让他倾听自己的问题。

林肯和这位老朋友谈了好几个小时。他谈到了他发表的一篇解放黑奴宣言是否可行的文章。林肯一一检讨这一行动的可行和不可行的理由，然后把一些信和报纸上的文章念出来。有些人怪他不解放黑奴，有些人则因为他解放黑奴而骂他。

在谈了数小时之后，林肯跟这位朋友握握手，甚至没问他的看法，就把他送走了。

这位朋友后来回忆说：当时林肯一个人说个不停，这似乎使他的心境清晰起来。他在说过话后，似乎觉得心情舒畅多了。

是的，当时遇到巨大麻烦的林肯，不是需要别人给他忠告。而只是需要一个友善的、具同情心的倾听者，以便减缓心理压力，解脱苦闷。

3. 要尽量让语言精练、简洁

想投其所好，讲话的语言就必须简洁、精练，让听者在最短的时间内获得最多的信息。切忌说空话、说大话。

在说话的时候也要认清对象，随着话题的深入认真观察对方的反应，既要坦白直率，又要细心谨慎，把婉转、协商等谈话方式结合起来，说得清晰、明白、易懂。下面我又要讲一个有关林肯的故事，因为他在这方面做得实在是太杰出了。

1863年7月1日，美国南北战争中的一场决定性战役，在华盛顿的葛底斯堡打响了。经过三天的鏖战,北方部队大获全胜。

战后,宾夕法尼亚等几个州决定合资在葛底斯堡建立国家烈士公墓,公葬在此牺牲的全体将士。1863年11月19日公墓举行落成典礼,总统林肯应邀到会演讲。这对林肯来说,有很大难度,因为这次仪式的主持人是艾弗雷特,林肯只是由于总统的身份,才被邀请"随便讲几句适当的话"的。

艾弗雷特不仅是个著名的教授,当时也被公认为美国最有演说能力的人,尤其擅长在纪念仪式上演讲。在这个典礼上,他那长达两个小时的演讲,确实精彩极了。在这种情况下,怎样才能和听众建立良好的交流关系,并最终赢得他们认可呢?

林肯决定,以简洁取胜。结果林肯大获成功。尽管他的演讲只有10句话,从上台到下台不过两分钟,可掌声却持续了10分钟。林肯的演讲不仅赢得了在场1万多听众的热烈欢迎,而且轰动了全国。当时的报纸评论说:"这篇短小精悍的演说是无价之宝,感情深厚、思想集中、措词精练,字字句句都很朴实、优雅,行文完全无疵,完全出乎人们的意料。"

就是艾弗雷特本人第二天也写信给林肯道:"我用了两个小时总算接触到了你所阐明的那个中心思想,而你仅用了两分钟就说得明明白白。"后来,林肯的这次出色的演讲手稿被收藏在图书馆,演讲辞被铸成金文,存入牛津大学,作为英语演讲的最高典范。

林肯这次演讲获得巨大的成功,它给了我们一个启示:简洁精炼的语言会使说话的人更具魅力。

好,故事讲完了。你也许掌握了怎么让语言投其所好的方法了吧。

4. 不要喋喋不休,没完没了

"言不在多,达意则灵",在中外历史上,许多伟人的谈话,讲得都是话语如金,言简意赅,比如美国总统华盛顿在1973年发表的就职演讲仅用了 135 个字，成了世界演讲史上的经典。

而在历史上曾记载了一些冗长的演讲纪录，比如 1933 年一位名叫爱尔德尔的参议员，为了反对通过"私刑拷问黑人的案件归联邦法院审判"的法案，在参议院高谈阔论了 5 天时间。一位记者统计：他在演讲台上踱步 75 公里，共做了 1 万多个手势，吃了 300 多个夹肉面包，喝了 40 公升清凉饮料。

1975 年，斯特罗姆·瑟蒙德做禁止"民权法案"通过计算历时 24 小时 18 分，但遭失败。

1912 年，英美发生战争，一个众议员用马拉松式的演讲阻止通过对英宣战的决议。直到战火烧到家门，形势近在眉睫，可这位议员仍在喋喋不休。时至半夜，听众席上鼾声四起。最后，一个议员急中生智，将一个痰盂甩到演讲者的头上，方得以终止辩论，通过了宣战决议。

简短的语言能显示一个人机智的头脑，所以说在与人谈话时必须认真思索，打好腹稿，如果有必要的话可以将主要的提纲写出来，反复温习，以增加记忆和熟练程度。

5. 锁定目标，投其所好

我说得投其所好在某种意义上讲"其"一般是指一个群体，而投其所好就是有了具体目标，为此，事先你必须弄清对方的兴趣、爱好、想法等。如果不是这样，就常常话不投机，就是我们平常说的"没有共同语言"。

比如大实业家洛克菲勒曾是美国的富豪之一。如果有人向他提出如何致富和提供市场行情，都会得到一笔可观的奖励。但到了晚年，他开始热衷于公益事业，很愿意把资金无偿地投入到社会公益事业中去，帮助那些需要扶助的人。

而这时，有个人费了好大力气见到了洛克菲勒，向他提供了一个非常重要的投资信息，洛克菲勒耐着性子听完那个人大讲特讲投资将会赚取多少利益和发展前景后，只是淡淡地说："谢谢你，先生，现在我不想怎样取财，而是想怎样散财。"那个人本想得到一笔奖赏，一听这话十分出乎意外，只好垂头丧气，无功而返。

所以说，对方是好名的人，你纵然拿出十拿九稳的赚钱方法，他也不会感兴趣。反之，他是个好利的人，再大的名望也对他起不到诱惑，你们也只能是没有共同的话题。

第04辑
罗伯特·劳伦斯教授讲"用好言语辅助工具"

表情是内心情感在面部上的表现,表情是人际交往中,相互交流的重要表示之一。美国心理学家艾伯特·梅拉比安把人的感情表达效果总结了一个公式:感情的表达=语言(7%)+声音(38%)+表情(55%)。这个公式是否科学合理且不去深究,但它说明了表情在人际沟通中占有相当重要的地位。动作语言也是人际交往中常用的一种交流形式。使用得当,会给老板和同事以更深刻、更鲜明的印象。好的动作语言不仅可以很好地表情达意,而且可以以优雅动人的体态,给人的视觉以好感和美感,产生"此时无声胜有声"的作用。

罗伯特·劳伦斯,生于美国纽约,毕业于加州大学,任美国时装协会主席。麻省理工学院管理学硕士。经常为国际媒体和工商媒体撰文,他用卓越的文笔讲述并撰写关于中国经济和中国高层领导人思想与政策的文章。2005年起,他访问了中国20多个省份的40多个城市,与政界、商界领袖交流。

第一讲　让面部表情丰富起来

狄德罗曾经说过，"一个人心灵的每一个活动都表现在他的脸上，刻画得很清晰，很明显"。有时对方口头表示赞同你的意见，但他的眉头却不知不觉地紧皱了起来，或者他的嘴唇突然紧闭，而且他说的赞同的话其实是言不由衷的，或者碍于情面，或者屈于权势，才不得不这样说的。

练就丰富的面部表情，一方面是要丰富自己的面部表情，增加语言表达的生动性，另一方面则是为了掩盖住自己的真实表情，使自己成为一个深藏不露的人。要提高说话水平就需要知道什么样的表情受人欢迎，可以提高自己的交际质量，什么样的表情是让人讨厌，难以接受。

哈佛大学早就通过研究得出，脸面是"心灵的镜子"。这面镜子，是由脸面的颜色、光泽、形态，肌肉的收缩与舒展，以及脸部纹路的不同组合而构成的。它以最灵敏的特点，表达人们的喜怒哀乐和复杂变化的内心世界，它是说话者感情的晴雨表，听众可以从上面读懂说话者的情感世界。

不同的面部表情表达着不同的意思：突出下巴表示攻击，缩紧下巴表示畏惧和驯服，伤心时嘴角下撇，欢快时嘴角拉长，委屈时撅起嘴巴，惊讶时张口结舌，仇恨时咬牙切齿，忍耐时咬住下唇，冷漠轻蔑时嘴紧闭。眉飞色舞是喜，切齿圆睁是怒，蹙额锁眉是哀，笑逐颜开是乐。同样是笑，微笑、憨笑、苦笑、奸笑，在嘴唇、眉、眼和脸部肌肉等方面都表现出许多细微差别，你要善于灵活地驾驭自己的面部表情，使面部能更好地辅佐和强化口语表达。

运用好面部表情，可以丰富我们的口头语言，准确传达我们的意思。最容易为人接受的面部表情永远都是"笑脸"。

"旅店帝王"希尔顿成功的秘诀：对客人来说，最值钱的就是不花一分钱的微笑。今天，你对你的客人微笑了吗？微笑的确是个好东西，它既不能买，又不能求，既不能借，又不能偷。它的奇妙更在于它产生的魔力般的效应：给对方留下宽厚、谦和、含蓄、亲近的印象，表现出对他人的理解、关心和爱。于是，双方之间的生疏变得顺心，恼怒化为微笑。如果缺少美好的微笑，好比花园失去了春天的太阳与微风。无论与什么人交谈，微笑永远都是属于对方的阳光。

微笑会带给你成功、幸福与快乐，它是每个人都有的宝贝。在与人的交谈中尽量使用微笑，这样你的交谈会更成功，无论是一般谈话，还是交际、谈判，都会对你有很大的帮助。

哈佛人事部主任谈到他雇人的标准时，他说他宁可雇用一个有可爱的笑容、小学还没有毕业的女孩子，也不愿意雇用一个冷若冰霜的哲学博士。

在生活中，人们脸上的微笑，就是向人表示：我喜欢你，我非常高兴见到你！如果一个人希望别人用一副高兴、欢愉的神情来对待自己，那么自己必须先要用这样的神情去对别人。

与人交谈时，要注意微笑，因为，微笑使人如沐春风，产生共振效应，迅速缩短与交往对象之间的距离。微笑是无声的语言，丰富多彩。不同的笑容表示不同的意思：友好、愉悦、欢迎、甜美、满意，还有赞赏、请求、领会、乐意、同情，还有谢意、致歉、拒绝、否定等。微笑是善意的标志，友好的使者，成功的桥梁。它可以以柔克刚，以静制动，沟通感情，融洽气氛，缓解矛盾，消融"坚冰"。

运用好面部表情，首先就是要学会微笑。然而，平时与人交谈的时候，不仅只有微笑才能传达感情。你的一喜一怒、一哀一乐都是对方获取信息的渠道。运用好你的面部表情，让对方从你的表情中读到你想告诉他的信息，同时，也可以运用面部表情，掩饰你不想让对方知道的信息。总之，这都在于你运用的熟练程度。

运用表情时，我需要强调以下几点：一要真诚，忌矫饰；二要灵敏，忌呆滞；三要鲜明，忌晦涩；四要适度，忌夸张；五要丰富，忌单调。运用面部表情自然真实、准确鲜明地反映自己内在的思想感情。切忌呆滞麻木、情不由衷、晦涩不明与矫揉造作的表情。同时为了有效地传递信息，交流感情，要尽量避免傲慢的表情、讥讽的表情、油滑的表情和沮丧的表情。这些表情都产生不良影响，形成离心效应。

第二讲 运用眼神辅助你的语言

在一则古希腊神话中，有三个女妖，外人只要一接触其中一位名叫美杜莎的眼光，便立刻化为石头。这个神话故事充分说明了眼神的威力。因此，眼能传神，能表现人的心理内容的说法，是非常有道理的。泰戈尔说得好："一旦学会了眼睛的语言，表达的变化将是无穷无尽的。"眼睛被誉为"心灵的窗户"，这是被哈佛心理学家所公认的。人内心的隐秘，胸中的奔突，常常通过眼神自然流露出来。眼睛能自如传递心中的信息，反映人的喜怒哀乐之情。说话者在运用口语传递信息的同时，也自然要通过自己的眼神，把内心的激情、学识、品德、情操、审美情趣等传达给听者。

心理学家研究发现，眼睛的清浊如何，也折射出人的心理活动特征。我们不难发现，经常表现为睡眼惺忪的人，看起来就是一副傻相；而表现为眼睛雪亮，目光炯炯的人，自然显得聪明伶俐。

透过人的视线，更能窥探出人的内心活动。人们在社会生活中，如果内心有什么欲望或情感，必然会表露于视线上。因此，如何透过视线的活动传达自己的意思,对人与人之间在交往中的心理沟通,具有重要意义。

视线的交流是沟通的前奏,一个人的视线可以从不同角度和不同的观点来了解。其一,是否在看着对方,这是关键;其二,视线怎样活动,直接盯着对方,或视线一接触马上撤开,传达出来的心理都是不同的;其三,视线的方向如何,是正眼瞧着对方还是斜眼瞪着对方;其四,视线的位置如何,即视线是由上往下看,还是由下往上看等;其五,视线的集中程度,指是否专心一致在看着对方,还是视线飘渺,不知究竟是在看什么地方等。这些表现所代表的意义是各不相同的。

直接看着对方,表示对对方有好感或兴趣,不过,视线一直盯着对方,又会给人一种不安感,有的人还会觉得害怕。

另外,不相识的人,彼此视线偶而相交的时候,便会立刻撤开。这是由于人们觉得,一个人被别人看久了,会觉得被看穿内心或被侵犯隐私权。当我们在等公共汽车,或站在影剧院卖票口排队买票时,多为背向后面的人,这种表现为人们所司空见惯,这样做,不仅是为了往前进,也是为了避免同不相识的人视线相交。但也有面对面者,这些人多为朋友、夫妻、亲人、恋人等。这些人会彼此默许自己隐私权受到某种程度的侵犯,因此,他们偶而会视线交错,便于相互言谈,心理沟通。综上所述,相识者彼此视线相交之际,即表示为有意进行心理沟通。

目光语最重要的是强调眼神的运用。不同的眼神,给人不同的印象。眼神坚定明澈,使人感到坦荡善良、天真;眼神阴暗狡黠,给人虚伪狭隘、刁奸之感;左顾右盼显得心慌意乱;翘首仰视,露出凝思高傲;低头俯视,露出胆怯害羞;目光炯炯表示精神焕发;目光执着表示志向高远;目光浮动表现轻薄浅陋;目光睿智表现聪明机敏;目光呆滞表现心事重重;目光坚毅表现自强自信;目光衰颓表现自暴自弃。目光会透露人的内心真意。

有一个学生在寄给我的贺年卡上写过这样一句话:"老师,忘不了您那双会说话的眼睛!是它们告诉我你的喜怒哀乐,是它们告诉我成败对错,是它们为我指明了前进的方向,是它们给了我前进的动力!"这让我觉得，作为教师，如果能在课堂教学中适当地运用眼神辅助自己的语言进行教学，将会收到良好的教学效果。在与人沟通的时候，态势语言占着举足轻重的地位，有着独特的表意功能。眼神，正是态势语言中最重要的一个组成部分。

学会运用眼神很有技巧，下面我来介绍运用眼神的几种技巧：

1. 点视法

即把视线集中到某一点或局部听众，只同个别或是部分听众交流眼神。运用这种眼神，可对专心致志的热心听众表示赞许和感谢；对有疑问的听众进行引导启发；对想询问的听众给予鼓励；对影响秩序的听众进行制止，使其收敛，达到控场的目的。

运用这种方法针对性较强，目光含义要明确，同时适可而止，避免与听众目光长时间直接接触，以免被注视的听众不安和其他听众感到受冷落。

2. 环视法

即目光有节奏或是周期性地环视全场的方法。其目的主要在于掌握整个演讲现场动态，照顾全场，统率全局。运用这种方法，可以使全场听众产生亲切感。但必须注意，一定要照顾全局，不可忽视任何角落的听众；同时，头部摆动幅度不宜过大，眼珠不可肆意乱转。此种方法主要用于感情浓烈、场面较大的演讲。

3. "眼中无听众，心中有听众"

目光似看非看地望着听众。运用这种方法要睁大眼睛面向全场听众，而不专注一点。这样，听众会觉得讲话者注视自己。

这种方法可显示出说话者端庄大方的神态，克服怯场心理，烘托气氛，引导听众进入描述的意境中，使听众受到优美意境的熏陶或感染。但应该注意使用不可频繁，以免给人以傲慢的感觉。

总之，无论使用哪种眼神，都为了表达一定的思想内容和感情，视线的运用往往是各种方法的综合考虑、交叉使用。一定要和有声语言以及其他体态动作密切结合，协调一致。表现出信心和活力，显示出独特的风度。

第三讲　用手势增强语言的表达力

在口才方面，我一直强调"手是人的第二张脸"，因为手是非常敏锐的表情器官之一。手势在态势语中使用频率最高，动作最明显，表达最自由。因而，表现力、吸引力和感染力也是最强烈的。寓意深刻、优美得体的手势动作，能产生极大的魅力，取得意想不到的后果。在演讲中，还能激发听众的热情，加深听众对演讲内容的理解，使演讲获得成功。

哈佛经济学家特比恩，研究出了很多经济学成果，他对全球经济的统一性有着独到的见解。

有一次，一位经济学家为发表自己对全球经济走势的看法，特意请特比恩去听他的演讲。特比恩坐在前排，兴致勃勃地听着，开始听得蛮入神，继而有点不安，再而脸上出现不快的神色。

听着这位经济学家的演讲，特比恩不时把帽子脱下又戴上，过一会，又把帽子脱下，又戴上，这样，脱下戴上，戴上又脱下，接连好几次。

那位经济学家也注意到了特比恩这些奇怪的动作和表情，就问他："这里的条件不好，是不是太热了？""不，"特比恩说，"我有一见熟人就脱帽的习惯，在阁下的理论里，我碰到那么多熟人，不得不频频脱帽了。"

学术的可贵之处在于独创，这样才能形成带有个性特征的风格乃至形成流派。抄袭与模仿，则只能在学术的浓荫中苟且偷生，毫无建树。因此，要反对单纯的模仿，重要的是杜绝抄袭行为。特比恩对学术的模仿、抄袭行为深恶痛绝，然而，直接的指斥恐怕会使对方十分难堪，特比恩便用手势及其说明来委婉地表示："我有一见熟人就脱帽的习惯"、"在阁下的理论里我碰到那么多熟人"。运用寓意深刻的手势暗示了对方的抄袭行为，含有辛辣的讽刺意味，没有明说却比明说更让人无地自容。

运用手势甚至可以代替有声语言，传达出准确的意思。一次，我在超市里看到一对母女之间仅使用体态语就完成了交流。

超市为了吸引顾客，他们为孩子们准备了海洋球、小火车、跷跷板三种活动器械，供幼儿随意选择。前来购物的主顾可以让自己的孩子们开心地游戏。

我看到一个小女儿玩了一会儿跷跷板后，径直走到了墙边的平衡木旁。她站了片刻，回头望着她的母亲，母亲微笑着朝她点了点头。于是，她抬脚就上了平衡木，谁知刚一踩，平衡木就微晃起来，吓得她赶紧收回了脚，直拍自己的胸口，回头又望着母亲，母亲微笑着朝她摇了摇头。她犹豫了一会儿，总算鼓足勇气又一次踩上了平衡木。颤巍巍地刚走了一步就掉了下来，眼泪汪汪地回头望母亲。母亲又微笑着朝她做了个加油的手势。她抹了抹眼角的泪水，考虑了好一会儿，终于憋足了劲儿，再一次踩了上去。伴随着平衡木的晃动，小女儿满脸通红地走走停停，最终胜利地走完了全程。她一边擦着汗一边微笑着看母亲。母亲又高兴地向她竖起了大拇指。

所有的一切尽在不言中。母亲与女儿之间虽然没说一句话，却进行了情感交流。正是由于母亲站在女儿的角度，细心地体察她内心的感受，所以，当女儿投来各种不同的目光时，母亲能准确地捕捉和理解，及时地用微笑、手势、动作来鼓励她，使她最终体验到了成功的喜悦。

在活动中，与他人的言语交流固然必要，可有时，用眼神、手势进行情感交流，却能起到此时无声胜有声的作用。

在语言表达方面，手势语所起的作用是不可忽视的。要灵活运用手势语，就需要掌握手势的一些基本知识。首先看看手势的分类：从形式上看，手势可分为手指动作、手掌动作与握拳动作；从表意上看，有指示手势、象形手势、情意手势与象征手势。

指示手势用以指明演讲中涉及的人或事物及其所在位置，从而增强真实感和亲切感。指示有实指、虚指之分。象形手势用以模拟人或物的形态，常略带夸张，只求神似，不可过分机械模仿。

情意手势用以表达感情，使抽象感情具体化，使听众易于领悟演讲者的思想情感。

手势活动范围可分为三个区域：肩部以上为上区，表示积极、振奋、赞扬、肯定等褒义；肩至腰部为中区，多表示坦诚、平静、严肃、和气等中性意义；腰部以下为下区，多表示否定、鄙视、憎恨等情感。

手势贵在自然，切忌做作；贵在协调，切忌生硬脱节；贵在精简，切忌泛滥；贵在变化，切忌死板；贵在文雅，切忌粗俗；贵在通盘考虑，切忌前紧后松或前松后紧。

运用手势语要注意对象、适应环境。比如，小范围说话或对长辈说话，手势要少些；大范围的谈话或对文化水准不高的人说话，手势可以多一些——当然，多，也有个限度，如果手势太多，显得指手画脚，会叫人反感。

另外，使用手势还要注意以下几点：

1. 适应内容的需要，不可乱用

演讲中手势的运用必须遵循内容需要的原则。内容需要作势，就采用手势，讲到跃跃欲试的时候可以摩拳擦掌，讲到悲痛欲绝的时候要捶胸顿足……无论采用哪种手势都必须与演讲内容相辅相成，融为一体，明明讲得平静恬淡却非要来个激昂的手势；明明讲得慷慨激昂，却缩手缩脚……这些都是不对的。

2. 流露要自然，切忌做作

手势不是附加于演讲内容之上的一种装饰品，它是演讲者感情表达的一种辅助方法，因此手势应该是在演讲中的自然流露。只有如此，演讲的手势才会与内容水乳交融，形成完整的一体，而没有组合的痕迹。而为了作手势而作手势，会给人留下生硬的感觉，影响演讲的效果。

3. 注意协调、得体，切忌死板、粗俗

演讲虽然不是表演，但演讲的手势是否协调得体也会影响到演讲成功

与否。因此作为演讲者，为了使自己的手势做出来和谐、自然、得体，给人一种和谐之美，就要在平时下点功夫，练习一些常用的演讲手势。只有这样在演讲比赛中做出的手势才会是美的、协调的、得体的。"台上十分钟，台下十年功"，讲的就是这个道理。

第四讲　有时无声胜有声

说话前沉默不语，是沟通的智慧，也是一种为自己发言准备语境的方式。利用对方很想知道的心理，故意设置障碍，积累好奇心，最后，才在对方的期待中娓娓道来，使对方轻易地接受自己的观点。

有一次，我们一行20来人参加朋友玛利亚夫人的家宴。不一会儿，就出现了聚会时经常发生的情况：人人都在跟旁边的人谈话，而且同一时间讲话，慢慢地，大家便把嗓音越提越高，拼命想叫对方听见。

我觉得有伤大雅，而如果这时我大叫一声，让人们都安静下来，并给他们讲述尊敬别人的道理的话，其结果肯定会惹人生气，甚至闹得不欢而散。怎么办呢？

我便对邻座的一位太太说："我要把这场骚乱镇下去。您把头歪到我这边来，仿佛对我讲的话非常好奇。我就这样低声说话。这样，旁边的人因为听不到我说的话，就会想听我的话。

"我只要叽叽咕咕一阵子，你就会看到，谈话会一个个停下来，除了我叽叽咕咕的声音外，其余什么声音也没有。"

接着，我就低声讲了起来："11年前，我到芝加哥去参加欢迎格兰特的庆祝活动时，第一个晚上设了盛大的宴会，到场的退伍军人有600多人。坐在我旁边的是××先生,他耳朵很不灵便,有聋子通常有的习惯,不是好好地说话,而是大声地吼叫。他有时候手拿刀叉沉思五六分钟,然后突然一声吼叫,会吓你一跳。"

说到这里,玛利亚夫人桌子那边闹哄哄的声音小了下来,然后寂静沿着长桌,一对对一双双蔓延开来,我用更轻的声音一本正经地讲下去:"在××先生不作声时,坐在我对面的一个人对他邻座讲的事快讲完了。……说时迟,那时快,他一把揪住她的长头发,她尖声的叫唤,哀求着,他把她的脖子按在他的膝盖上,然后用刺刀可怕地猛然一划……"

到这时候,我的叽叽咕咕声已经达到了目的,餐厅里一片寂静。我见时机已到,便提高声音对大家说道:"希望大家把应得的教训记在心头,从此要讲些礼貌,顾念大家,不要一大伙人同时尖叫,让一个人讲话,其余的人好生听着。"

他们都同意了我的意见,那天晚上其余的时间里,大家都过得很高兴。

我巧妙地制止了大家的吵闹,使闹哄哄的场面变得平静下来,并利用这个时机,对大家进行了说教,使大家都接受了我的观点。所以说,当你想在吵闹的环境下表达你的观点时,不妨运用这种方法来制止大家,使大家自愿安静下来听你讲话。

从上面这个例子可以看出,在人多的场合,场面经常会很吵,这时,如果你想发言,你就需要制止大家的谈话。但是,在这种情况下,大声制止是很不明智的,因为在这种情况下,压制别人的发言会得到大家的一致反感,很可能被大家的"唾沫"淹死,是根本起不到想要的效果的。这时,不妨用"窃窃私语"来达到制止对方的目的。

林肯当律师时,也经常利用无声语言为自己的辩护造势。

一次他作为被告的辩护律师出庭,原告律师在法庭上把一个简单的论据翻来覆去地陈述了两个多小时,讲得听众都不耐烦了。

好不容易才轮到林肯上台替被告辩护。他走上讲台,先把外衣脱下放在桌上,然后拿起玻璃杯喝了两口水,接着重新穿上外衣,然后又喝水,再脱外衣。这样反反复复了五六次，逗得法庭上的听众笑得前俯后仰。

林肯一言不发，在笑声过后才开始他的辩护演说。

林肯上台之后不是立即发言，证明对方辩论的可笑，而是运用无声语言，巧妙地逗乐观众，为自己的发言造势。在这样的气氛中，他的发言肯定是很容易为观众所接受的，而对方的观点只会得到观众的嘲笑。这便是利用无声语言造势的功用所在。

因此，要提高说话水平，还要学会为自己的发言造势，使自己的发言有一个良好的语言环境。在这种氛围中，你的观点能够脱口而出，合乎时宜；听众则是敞开心扉接受你的观点，一切都是那么的自然、和谐。

第五讲　一切妙在聆听之势

我记得英国哲学家弗朗西斯·培根曾说过："与人谋事，则须知其习性，以引导之；明其目的，以劝诱之；谙其弱点，以威吓之；察其优势，以钳制之。"这是一段关于交谈的论述，其中所说的引导、劝诱、威吓、钳制，无不是在了解对方的情况下采取的策略，所以，与人交谈，重要的是先要了解听者。因此，在同别人交谈时首先要有"洗耳恭听"的耐心，并且善于捕捉信息，根据听到的信息进行有效的交流，这是成就好口才的必修课。

吉尔斯是福特公司一名著名的汽车推销员。有一天下午，一名顾客西装革履、神采飞扬地走进店里。吉尔斯凭借自己以往的经验判断，这名顾客一定会买下车子。于是，他热情地接待了这名顾客，并为对方介绍不同型号的车子，还解说了车子的性能。顾客听着吉尔斯的介绍，频频微笑点头。然后，两人一起向办公室走去，准备办理手续。

出乎意料的是，这位顾客在由展示场到办公室不足3分钟的时间内，突然莫名其妙地发起脾气来，最后竟然拂袖离去。

为什么顾客突然变脸？吉尔斯百思不得其解。吉尔斯是那种在哪里跌倒就从哪里爬起来的主儿，这也是他业绩超人的重要原因之一。当晚，吉尔斯就按名片拨通了那位顾客的电话。

"您好，先生，实在不好意思，这么晚了还打扰您，不过我有一个问题只能向您请教。我看您今天本来是要买车的，可后来却生气不要了，您能不能告诉我，我哪儿做错了，好让我以后改进？"

"你说得对，我本来是要买车子的，而且连支票都带在身上了！可是，当我在走廊上提到买车子的原因时，你一点反应都没有。你知道吗？我女儿刚考上商学院，全家高兴极了，我买车子就是要送给她的！我说了无数遍女儿、女儿、女儿……可你却一直在说车子、车子、车子……"说完后，这位顾客挂断了电话。

吉尔斯这时才恍然大悟，原来错在自己没有真正关心顾客，没有体会顾客当时的心境，没有与顾客分享他当时喜悦的心情。吉尔斯失败的原因就是：那人除了买车，更需要得到对于一个优秀女儿的称赞。吉尔斯恰恰没有"站在对方立场思考与行动"。他只是想当然地以为"生意已经成交了"。

"站在对方立场思考与行动"，谁都明白是金口良言，但做起来实在也难。会说话的人恰恰就能做到这一点，他们说话都是从对方的立场出发，这就是别人为什么乐于听他们说话的秘诀。

会听话除了要有听人说话的耐心外，还要掌握听话的诀窍，会听出话中话。只有准确听出说话者的意思，才能针对对方说的话去接话，才能成就一个真正的说话高手。

语言交流常常是在不稳定的环境中进行的，语言信息有真有假，有好有坏。有的清晰，有的模糊，有的言此意彼，有的言近旨远，只有仔细听辨，才能正确筛选出语言的真实信息，得到有用的东西，才能有效地进行语言交流。

要听懂一个人真正的意思并不是一件容易的事，需要专注、耐心地听。而且，还善于在具体的语言环境中听出对方的言外之意。

那么究竟应该怎么"听"呢？听有听的学问，"听"是一个交际的过程，更重要的是获得信息。以下介绍一些"听"话的经验：

1. 排除一切干扰

在听别人说话时，"除非房子失了火"，否则最好是盯着对方的脸，强迫自己聚精会神地听下去，切勿把注意力滑向无足轻重的方面。认定听辨目标以后就定向追踪，一般情况下不要随意游移。除此之外，注意力要集中于对方所说的内容，不要管对方令人不快的神态或打扮，更不要挑选合自己意的内容听。

2. 浓缩信息要点

边听边将对方的话在大脑中进行梳理，记住最重要的话，或将对方的话整理成几句话，记住其中几个最能表明对方观点的关键词，以此把握住对方说话的要点。

3. 梳理对方的思路

对方的表达再乱，也要沉住气尽全力找到"线头"，切忌用自己的主观思路代替别人的思路，只有弄清了对方的思路，才能准确听出对方想要表达的意思。

4. 谨防超前判断

听要听全，听完整，不要轻易地、武断地下结论，更不要轻率地打断别人的话，强加上自己的判断。这样做，一方面显得你不礼貌，没有修养；另一方面，你会打断对方的思路，影响其意思的表达，降低交谈的质量。

5. 适应对方的语速

对方说得快，要特别留心听；说得慢，也不可走神，要利用其表达间隙，整理或思考已得到的信息。总之是慢说慢听，快说快听。

6. 静听弦外之音

有时一段话转弯抹角，特别要留意含有"潜台词"的关键处，留心褒贬于一句一词的地方。

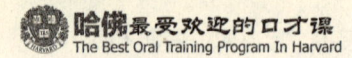

掌握好以上几条技巧,就能够准确抓住对方说话的内容,从而及时有效地应对。会说话的人,他会从说话者的话语中很快了解对方,从而找到合适的话题,使交谈轻松愉快地进行;不仅如此,会说话的人还能听出说话者的话外之音,知道其语言的恶意,并对其进行巧妙地反击。

第05辑
安娜·斯洛教授讲"谈话的技巧"

要是你以为单靠熟练的技能和辛勤的工作就能出人头地,那你就有点无知了。当然,才干加上超时加班固然很重要,但懂得在关键时刻说适当的话,那也是成功与否的决定性因素。所以我们要掌握说话的技巧,这里所谓的巧妙指的就是对周围情况的观察力,以及能够说出最善解人意或最贴切的话。

安娜·斯洛,毕业于美国布兰迪斯大学,获得社会政治学博士学位,现为哈佛大学教授,哈佛大学肯尼迪政府学院社会与经济研究所前任执行主任。在哈佛大学任职12年期间,协助美国政府决策人建立全球学术合作项目和提供相关国际合作政策的支持。

第一讲　把话幽默地表达出来

一个哲人曾这样写道:"心灵若是堆满垃圾,心胸容易狭隘;心灵若是一尘不染,心胸则无限宽广。幽默的语言就来自纯洁、真诚和宽容海涵般的心灵,是生命之歌中最曼妙迷人的旋律,是人生智慧之原上绽放的最美丽的花朵,是人们能够从你那里享受到的心灵里的一片艳阳天。"可见,幽默语言是我们每个人都想要得到的,无论是听他人说还是说给他人听。

那么,我们怎样培训自己的幽默感呢?怎样寻找幽默的材料和方式呢?

我发现,我的很多学生为了让自己更幽默一些,就去阅读并且摘抄一些幽默小品,无疑这是有益的。幽默当然是语言的艺术,在语言上有所探求和积累十分必要。但是,如果把幽默只看成是语言的艺术,那就很难增强自己的幽默感。因为幽默究其实质是一种很高的人生境界,是积极开放的心态的外在表现。粗看幽默感较强的人妙语如珠,颇有口才,似乎是很会耍嘴皮子。其实,口才好坏是外在表现,其本质因素是心态开放,思想豁达而睿智,阅历广博,情趣高尚而丰富。所以有人说,幽默感就是心理上的充实感、智力上的优越感。

以幽默著称的马克·吐温曾说:"世界上再也没有比戒烟更容易的了,我已经戒了1000次。"你看这话说得巧不巧?你说这是嘴皮子利索还是头脑睿智?这是口上之才还是心态开放?

谈吐幽默能给我们的生活增加乐趣,使我们的交际气氛变得轻松,是我们必须掌握的谈话技巧。谈吐幽默也有一些有章可循的实用技巧。下面是一些可以培养幽默感的方法：

1. 利用对比可以造成很好的幽默效果

我举出过这样的例子，古罗马政治家西塞罗也常用这一方法，比如："先生们，我这个人什么都不缺，除了财富与美德。"

通过对比可以揭示事物的不一致性，使用对比句是逗笑的极好方法。它把两种或两种以上互不相干的，彼此之间没有约定俗成的联系的事物放在一起对照比较，显得不伦不类，以提示其相异之处，即不谐调因素。它能使人在会心的微笑或难堪的情况中开启心智，受到教育。

2. 运用暗示制造幽默效果

一位女记者对日本前总理大臣吉田茂进行"纠缠性采访"，总理大臣无可奈何地回答了她一连串的问题，最后女记者说："我还想提个问题，阁下对女人有什么想法？"吉田茂回答："啊，过去想法很多。不过，自从这回看到您之后，就没有什么想法了……"

这是意在言外的冲撞，也是很辛辣的幽默。这类语言一般都是一些暗含有其他意思的语言，使用这种语言表达的是一种含蓄的幽默。

3. 巧妙地运用比喻达到幽默效果

老师对吵闹不休的女学生说："你们叽叽喳喳，简直胡闹。一个女孩相当于500只鸭子。"

不久，一名女生在外面报告："老师，外面有1000只鸭子找您。"老师莫名，出门一看，原来是自己的妻子和女儿。

这位女生巧用比喻，用鸭子直接喻人，给人以物的形象，同时，机械换算，自然天成，平添乐趣。

可见，比喻是导致幽默的重要方法。其主要功能是造成语言的形象性。那些让人感到别致，出乎意外的比喻是导致幽默滑稽的最佳材料。用比喻幽默要自然得体，不露痕迹，给人以天衣无缝之感，方可令人解颐。

4. 转移也是制造幽默的一种方式

空中小姐用和谐悦耳的声音对旅客命令道："请把烟灭掉，把安全带系好。"所有的旅客都按照空中小姐的吩咐做了。过了5分钟后，空中小姐用比前次还优美的声音又命令道:"请再把安全带系紧点吧,很不幸,我们的飞机忘了带食品。"

当一个表达方式原是用于本义,而在特定条件下扭曲成另外的意义时,于是便获得了幽默效果。

5. 夸张也是表达幽默的常用方式

运用丰富的想象,把话说得张皇铺饰,也能收到幽默效果。大家比较熟悉的《心不在焉的教授》,也是运用了夸张这一手法。

教授:为了更确切地讲解青蛙的内脏结构,我给你们看两只解剖好了的青蛙,请大家仔细观察。

学生:教授!这是两块三明治面包和一只鸡蛋。

教授:(惊讶地)我可以肯定,我已经吃过午餐了,但是那两只解剖好的青蛙呢?

6. 先承后转表达幽默

俄国诗人普希金参加一位爵士的家庭舞会。他走上前邀请一位傲慢的漂亮小姐跳舞。

小姐不屑一顾:"我不能同小孩子跳舞!"

普希金微微一笑:"对不起,小姐,我不知道您正在怀孕。"

这是剥离语意的自我防卫,也带有冷峻顺贬之意。这种说话技巧一般是先顺着对方的意思说,然后再顺势一转,形成对比,达到幽默的效果。

7. 利用孩子的天真语言表达幽默

有一次马克·吐温去饭馆吃饭,吃完饭付钱时,把鞋子一脱,从鞋底抽出一叠钱。侍者见了大为惊奇,马克·吐温付之一笑:"这东西过去压迫我,我现在也要压迫它。"

语言幽默的方法还有很多,诸如倒引、转折、双关、故作曲解、故作天真、谐称等也都为人们所喜闻乐见。但是,使用幽默需要讲求真实自然,否则,会产生适得其反的效果,给自己带来尴尬。

我经常看到和听到一些政治家们的幽默言行。他们大多把幽默的力量运用得十分自如,真实而自然。没有耸人听闻,也不哗众取宠,更不是

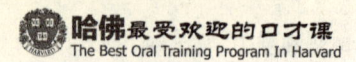

做戏。这是因为,他们都知道太精于说妙语和笑话,对个人的形象并无帮助。

有的人智力平平,却非要附庸风雅,企图以成串的笑料和廉价的笑来博得听众的欢心。他们硬要把自己塞进别人的肚子里,不顾别人是不是有这个胃口。结果也许是真的引起了笑,但很可能是笑他形象的滑稽和修饰的浅薄。

芝加哥有个人,他一心想得到某俱乐部主席的位置。他在一次对俱乐部成员的演说中,表现过了头,在不到两个小时的演说过程中,他至少说了50则笑话,并配以丰富的表情和确实引人发笑的手势,听众们被逗得哈哈大笑。末了,在他讲完最后一则笑话时,有人大叫再来一个!

这位老兄也真的再来了一个,再次把人逗得疯狂大笑。但是他没有当上俱乐部主席,他的票数是候选人中的倒数第二。

当他闷闷不乐地走出俱乐部时,他问那位喊"再来一个"的人:"你说我比他们差吗?""不,一点也不差,"那人说,"你比他们有趣多了,你可以当喜剧演员。"

可见,幽默是要注意分寸的,要在适当的场合,掌握好适当的分寸。不能表达自己的真实感情的幽默会给人一种滑稽可笑的感觉,显然对自己的形象会造成很大的损害。

第二讲 巧妙运用"对比效果"

只要先将对方意识不到的前提遮盖起来,就可以使"对比效果"成为一种强有力的说服武器。

有时候，你设计的问题可以让对方的任何一个选择都是你所需要的。对于始终不愿看书的哈佛学生，可以尝试问他："你今天是要复习功课，还是预习功课？"那么他肯定要从中选择一个答案。

每年的岁末，一些职业球员就纷纷向所属的球队谈论明年的调薪问题。因为在年度的交替期间，如果不将待遇问题谈妥的话，到第二年就会是件麻烦事了。

在调薪的谈判会议上，那些百战百胜的王牌选手，往往一口气就要求将年薪调高一倍。这时如果你是球队的负责人，应如何去说服这个选手呢？

首先应该清楚的一点就是，如果你对这个王牌选手说："事实上，20万美元对球队来说并不是问题。"那么，这项谈判就很可能会破裂，虽然你坚持只能给10万美元，但王牌选手一听到你上面的话，就一定会执意要20万美元。

所以，根据"对比效果"，就必须用下面的说法才能达到说服的目的。"以你的实力，要求20万美元并不高，是很合理的价钱，但是我们球队原来只能付8万美元，不过我想10万美元还是值得考虑，也许这件事情你我都应该好好地想想看。"

如果这个选手说："10万美元也可以。"

"不，只是说10万美元是值得考虑的，不过，如果是8万美元，我可以马上和你签约，怎么样？我们是不是彼此都考虑一下？"

如果这个王牌选手回答说："既然如此，那就10万美元。否则我是绝对不干了。"

这时你可以叹一口气，表现出一副无可奈何的样子，然后下结论地说道："好吧！既然你这么坚决，我也只好认了，就10万美元吧！"

也许读者会认为这种方式太过于顺利了，但若以"对比效果"的观点来看，这种方式是一定可以达成协议的。因为一般人在为自己的利益沟通时，不知不觉中总会将两件事情拿来对比，所以，如果在这时你给对方一个选择的范围，对方的思考能力就会仅限于这个范围内做比较，当然，他会选择对自己较有利的一方。

正如前面所说，虽然对方要求 20 万美元，但你给对方的只有 8 万美元和 10 万美元的选择范围，如果对方冷静思考的话，一定会觉得这个范围表明有商榷的余地。

但事实不然，因为这就好像当一个人头昏眼花时，被你的话所蒙蔽，他根本就看不到任何可以商榷的余地。而且，如果你先提出一个数字，那么，即使对方所选择的未必对他有利，但对方却没有办法立刻感觉出来，所以他会立刻接受，尤其是当你提出一个上限和下限的数字，让对方进行比较而选择时，对方的潜在心理就会产生一种"对比效果"。

善于说话的人在谈话之前，会首先给对方一个"提前暗示"，使对方在后来的对话中被先前提到的答案所影响，从而不知不觉地说出自己想要的答案。

如果问别人："你最喜欢什么色彩？"

答案当然是各有不同。

但是如果事先告诉他："今年流行紫色。"

那么即使是喜欢"红色"或"绿色"的人，也有可能会转而喜欢"紫色"了。

"今年流行紫色。"这句话就是一种"提前暗示"。尤其是那些没有明确想法，头脑像白纸一样的人，最容易受到影响了。

开会时，如果没有一个强硬的反对者，你只要轻松地说一声："已经决定了。"事情就可以顺理成章地决定了。这里的"已经决定了"也是一种提前暗示。

有一位公司的总经理，他也是一位非常卓越的心理诱导者，他在每一次会议开始时，都先提出大纲，然后告诉职员们："这是我的意见，剩下的就让你们自己去讨论了。"说完他就打瞌睡，让开会的职员们自己去讨论，直到归纳出结论时，他才又发言说："那么大家就努力朝这个方向前进吧！"等他讲完，会议就结束了。

这样做的目的是使职员们认为，事情好像是他们自己决定的，他们会有一种成就感，而职员们归纳出来的结论，事实上就是按照他所提出的大纲讨论出来的，所以说根本就是他自己的构想，因为一开始，他预先提出了大纲，并将这个大纲作为"暗示情报"，留有小部分修正的余地，让职员们提出咨询和信息，再加以改正和讨论。

这种会议的技术，当然不是公司老板拥有的专利，任何人在会议上，都可以先提出自己的意见作为暗示，再征求对方的意见。如此一来，对方就会认为你的意见和他的意见相同，而赞成你了。

愈是心态如白纸的人，愈容易被暗示所左右。这就是利用了心理的作用，即所谓的"错误前提暗示"。

总而言之，就是事先提供错误的前提信息，来引导对方改变态度，使目标达成一致。除了提供单一的错误心理达到这个目的外，还可以运用选择型的问题，诱导对方回答出你事先提到的答案。比如，对于一个懒得外出旅行的丈夫，可以尝试问他："你是要去国外旅行呢？还是就在国内旅行？"

当你必须告诉你的部下，他已经被从总公司调到他所不愿意去的分公司时，你要怎样去说服他呢？如果你知道他绝对不会答应时，你又该如何是好？如果这时你以公式化的口气告诉他："这是命令，你非去不可，否则只有辞职。"你这个部下一定会恨你一辈子。

在这时，假如你能巧妙地运用技巧，一定可以说服这个部下。你可以编出两个可供选择的答案，然后，让对方从中选一个好的，而实际上那个好的答案就是你想要的："其实，公司早就想过要把你调到南部的分公司去，但后来想想那边实在太远，环境太差，对你来说太辛苦，所以最后决定还是把你调到离这儿近一点的中部分公司，怎么样？让你换一个环境，也比较有新鲜感。"

对一个职员来说，把分公司的职务和总公司比较，任何人都不会愿意接受的，但如果再给他一个更差的进行比较，他就会较容易接受了。尤其是你说要调他到环境更差的地方去，他就会产生"好险"的感觉，对调到好一点的地方也就欣然接受了。

预先创设一个根本不存在的选择，假意让对方进行选择，将对方引入你早已设计好的"线路"，说出你想要的答案，运用这种说话技巧可以在对方毫无防备之下轻松达成所愿。

第三讲　通过表达展现自我

人展示自己的方式有很多，比如通过形体、行为、表情、文字、才艺等。但其中最普遍的一种方式就是通过语言。纵观世界上的杰出人物，无不是善于用语言表达自己的大师。他们讲话时刚劲有力、风趣盎然、明辨是非、逻辑性强，无懈可击，给人以信心和鼓舞，极富激励作用。

一个能够通过语言充分展示自我的人，一般都是自信心极强的人。我们每一个人都有自卑感，只是程度不同而已，具有良好心理素质的人对自卑感有着极强的抑制能力，他们的语言都是树立在自信的基础上的，他们能够利用自信的心理和语言克服自卑的障碍。

那么，用什么样的语言表达方式才能充分展示自我呢？我想你必须要做到以下几点。

（1）必须明确想要表达的概念和中心思想，其思想的内涵必须表达全面，让对方领会、接受，否则会造成误解。

（2）表达必须明朗、准确，千万不要含糊其辞，似是而非，让人听了半天不明白是什么意思。

（3）表达时要有合理顺序，条理分明，逻辑性强。

（4）表达时要注意言语内容与面部表情相结合，把握声调的运用，增强语言的感染力。

（5）要切忌冗长、空洞，言之无物，反复强调。

（6）尽量少用绝对性、定论性的词汇，如"肯定是"、"保证会"、"绝对不可能"、"最好"等。

（7）要精神集中，问话、回答问题明朗准确，切忌分心走神，心不在焉。

以上几点你如果能充分掌握，运用自如，那么你已经拥有了善于用语言表达自我的能力。另外，还有一点你必须记住，用语言表达自我很重要的一项内容是：要去说服别人，如果你没有说服别人，就很难证明你的语言能力，就不能不靠坚定的自信心和气度不凡的语言来打动对方，赢得对方。

哈佛大学在引进人才上是不惜重金的，一次，为了动员一个刚刚做出一项重大发明的科技人员来哈佛大学工作，哈佛大学和其他大学展开了一场人才争夺战。后来，哈佛大学不再同别的大学讨价还价，而是在一次新闻发布会上用充满信心的口吻宣布："我们相信，他一定会来哈佛大学的。因为不管别人给他多高的薪水，我们都给他高出两倍的数额！"如此的自信，如此的气势，结果是可想而知的。

从某种程度讲，一个人是以一种语言形象立足社会的，他的语言形象和语言风格就是他内心世界和综合素质的展现。

林肯是个极有正义感的人，在他当律师的时候，有一天，一位老态龙钟的妇人来找他，哭诉自己被欺侮的事。

这位妇人是美国独立战争时一位烈士的遗孀，每月仅靠抚恤金维持生活。前不久，出纳员告诉她要交付一笔手续费才准领钱，而这笔手续费等于抚恤金的近一半，这分明是勒索。林肯听后怒不可遏。他安慰老妇人，答应帮她打这个不同以往的、没有凭据的官司，因为那个狡猾的出纳员是口头向她勒索的。法庭宣布开庭，在原告申诉之后，被告果然矢口否认。因无证据，形势对老妇人不利，这时林肯站起来，首先以真挚情感评述了独立战争前美国人民所受的深重苦难。

他说到美国志士如何前赴后继，怎样为美国的独立流尽最后一滴血。讲到这里，突然间他的情绪激动起来，言语中犹如夹枪带剑，锋芒直指那个企图勒索烈士遗孀的出纳员。他说："现在事实已成了奇迹。1776年的英烈早已长眠地下，可是他们老而可怜的遗孀，还在我们面前，要求代她申诉，不屑说，这位老妇人从前也是位美丽非凡的少女，曾经有过幸福而愉快的家庭生活，不幸的是她已牺牲了一切，变得贫穷且一无所有。这才不得不向享受着先烈争取来的自由的我们请求援助和保护，请问，我们能熟视无睹吗？"

法庭中大多数人都被林肯的一番演说感动了，其判断结果可想而知。

一个杰出的人，十分重视正确地运用语言来表达思想的重要性，他们善于抓住时机运用语言来表达自己，说服他人，让对方接受他的思维和观点，赢得对方的尊重和爱戴。

第四讲　怎样讲话才有力量

林肯说："不论人们如何仇视我，只要他们肯给我一个略说几句的机会，我就可以把他们说服。"这是何等自信？我发现，大凡历史上能言善辩的人都具有这种强烈的自信意识，很多革命领袖尤其如此。"这个军队具有一往无前的精神，它要压倒一切敌人，而绝不被敌人所屈服。"这种表述让人觉得对自己坚信不疑，当然，表述的方式也是有一定技巧的，比如，表述时神态自若、思维敏捷、记忆精确，兴奋与抑制过程处于最佳状态，这样的表述才会得心应手，左右逢源，才会毫无做作，真切动人，从而产生极强的感染力和说服力，使表述目的得到最佳实现。

那么，如何做到表述有力量呢？我总结了以下几点：

1. 知识是语言的力量

表述有力量，就要有丰富的学识、阅历，充分熟知表述材料。任何一个人谈吐睿智、幽默，都是以学识渊博和阅历丰富为基础的。所以要有好的口才，必须多读书、多参加实践，并且用做卡片之类的方法把知识储备起来，这样说话时才有材料可供调遣。在具体说话时，则应当对表述的材料充分熟知。这里所说的熟知，不仅指对材料的明确理解和清晰记忆，还包括根据表述类型所做的不同选择和准备。例如在"告人于事"为目的的表述中，主要依靠运用记忆，精确地说明和解释有关人或事的状况、特征等，使对方确切理解你所传达的信息；在"以理服人"的表述中，就要说出自己的精湛理解，以便有说服力，影响对方，使人们建立起新的观点，或强化已有的观念；在"以情动人"的表述中，需要真挚地表达出丰富情感，以便极大地感染听众，使其得到进一步的升华。

广博的知识、丰富的阅历可使人在掌握大量材料的基础上当众讲话，听众能从中获取有益的信息，表述者也可从容不迫，挥洒自如，充分占有材料。熟知材料是培养自信的基础条件，正所谓"充实，是自信的前提"，而"自信，就是力量的源泉"。

2. 做到情真言亦真

说话时既以理服人，又以情感人。人是感情动物，语言所负载的信息，除了理性信息外，还有感性信息。这种感性信息，内涵十分丰富。其功能不仅要诉诸人的理智，而且更要打动人的情感。"功成理定何神速，速在推心置人腹。"这里的推心置腹就是指话语真诚。所谓真，是指不矫揉造作，不言辞虚浮，能够保持说话人的自我本色。所谓诚，就是真心真意、不掩盖、真情流露。

林肯和美国上议院议员道格拉斯是竞选中的对手。他们曾在伊里诺伊州进行过一场轰动美国的著名辩论。在这场辩论中，林肯不仅取得了胜利，而且获得了誉满全美的"诚恳的亚伯"的称号，道格拉斯却被听众戏称为"小伟人"。道格拉斯是个阔佬，他为了推销自己，特地租用漂亮的专列，车后安放一尊大炮，每到一站就鸣30响，配以乐队的喧闹，声势之大，为历史之最，并口出狂言："要让林肯这个乡下佬闻闻贵族的气味。"

林肯则买票乘车，每到一站就登上朋友们为他预先准备好的马拉车。面对道格拉斯的强大挑战，他以退为进，沉着应战。在一次演讲中，他说道："有人问我有多少财产，我有一个妻子，三个儿子，都是无价之宝。

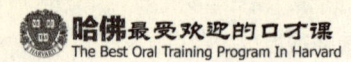

此外，还租有一间办公室，室内有办公桌一张、椅子三把，墙角还有一个大书架，架上的书值得每个人一读。我本人既穷又瘦，脸蛋很长，不会发福。我实在没有什么可依靠的，惟一可依靠的就是你们。"

林肯之真诚首先在不讲排场，与选民心距拉近；内容上，贴近常人之心。试想，谁没有妻室儿女？他却称他们是无价之宝。这是情感认同。租用的办公室，家具少，书架大，投合选民们理想中的总统形象：廉洁、勤奋、富有学识。这样的自我介绍，不无幽默，这是形象的心理认同。最后，不把自己当成选民的救星，而把选民当成自己惟一的依靠，予以得体恭维，从而获得心理的亲近认同。林肯通过这些推心置腹的讲话，获得选民的普遍认同，从而一举获胜。

在话语交际过程中，要使对方感受到情感的真实，说话人的话语一定要受到发自内心的充沛的情感支配。说话人装着对自己所说的话毫无情感，把自己隐藏在幕后，也不理睬听众是谁，不偏不倚、不痛不痒地背诵一些冷冰冰的条条儿，玩弄一些抽象概念，或是罗列一些干巴巴的事实，没有一丝的人情味，这只能是掠过空中的一种不明来历去向的声响，所谓"耳边风"，怎能叫人发生兴趣，怎能感动人，说服人呢？只有被感情支配的人最能使人相信他的情感是真实的，因为人们都具有同样的天然倾向，惟有最真实的生气或忧愁的人，才能激起人们的愤怒和忧郁。

第五讲　当众讲话的危机处理

当众讲话的危机处理能力，是衡量一个人综合素质能力的重要标准，更是一个人说好话的基本保证。所以，任何一个人要想取得良好的当众讲话效果，就应该具有应变和控场能力。换句话说就是要善于把握住听众的心理变化、兴趣要求，及时修正补充自己的演讲内容，为成功沟通打下良好基础。

1. 当众讲话危机处理能力的一般组成

一般来讲，在语言沟通中的危机处理能力包括以下几个组成部分。

（1）控制感情，掌握分寸的能力。即发现意外情况时，要镇静，要有好的心理素质，能控制感情，掌握分寸。不要在讲台上惊慌失措，更不要因急躁而冲动行事。

（2）从容答题，妙语解脱的能力。换句话说就是，在当众讲话中当有听众提出较尖锐的问题时，说话者能够从容地回答听众提出的问题，特别是那些乍看起来十分棘手的问题。实际场景中，有些人多会采取压制的方法，发火批评。最常说的一句话就是"别吵了，安静下来"，而结果大多是使自己进一步陷入窘境。精通沟通之道的人则采用以诚相待、妙语解脱的办法，往往能变被动为主动，进而达到演讲的目的。

（3）巧妙穿插，活跃气氛的能力。这是指说话者在遇到会场沉闷时，应尽快调节，巧妙穿插，以活跃气氛。比如，讲个笑话或故事，谈点趣闻等。

（4）将错就错，灵活处理的能力。也就是说，在说话时如果出了错，能够将错就错，灵活处理，并使沟通继续有效进行。实践证明，在这种情况下最忌讳两点：一是搔头挠耳，二是冷场过久。我这里有一个有趣的研究结论：如果对方在听你说话过程中冷场 15 秒以上，听众群中就会有零星笑声；冷场 30 秒以上，就有少数听众的笑声；冷场时间再长一点，听众就会普遍不耐烦了。所以，我们一定要牢记这一点。这里，我们给出口才大师卡耐基的几种方法，以供借鉴：一是就地换掉话题，用上段结尾中的句子来发挥；二是向听众提出问题；三是如果实在是大脑一片空白，就应该临时编一段较完整的结束语，有礼貌地结束。

2. 调控怯场心理

怯场是一种心理障碍，指的是在人前，尤其是人多的场合，因紧张害怕而不敢说话，或者说话时显得拘谨不自然。如有的人在家人面前可以滔滔不绝，可一与外人交谈，就难以启齿；有的人平时在三两个人的场合可以口若悬河，可人一多，一张口就心慌意乱，语无伦次。这主要因为，讲话者要么感到自己被说话场合的气氛、形势所压迫；要么顾虑自己说得不好或说错；要么担心自己不是他人的对手，因而畏首畏尾，诚惶诚恐。

相关研究及经验表明，破除上述心理障碍的办法有以下几种：

（1）事前做好准备。这在非即席发言中是容易做到的，对当众要讲的话题要有所了解，事先可广泛收集资料，打好草稿，以做到讲话时心中有底，临场不乱。

（2）平时加强训练。常用的有效办法有朗诵、自言自语、与陌生人大胆交往、与亲近熟悉的人交谈，多听别人当众讲话等。

（3）对听众视而不见。就是自己在发言前，心中有听众，但在发言时，眼中不能有听众，只顾按自己的意图去表达。

（4）"别人也这样"。通俗地说就是豁出去了，其实也没什么，因为别人也会和自己一样。古罗马著名演讲家希斯洛第一次演讲时就脸色发白、四肢颤抖；美国的雄辩家查理士初次登台时两个膝盖抖得不停地相碰；印度前总理英·甘地首次演讲时不敢看听众，脸孔朝天。正如战时的美国总统罗斯福所说："每一个新手，常常都有一种心慌病。心慌并不是胆小，而是一种过度的精神刺激。"所以，只要抱定豁出去的心态，怯场心理就会烟消云散。

3. 有效地应对冷场

当众讲话的冷场分为两种情况：一种是单向交流中，听的人毫无兴趣，注意力分散；另一种是双向交流中，听者毫无反应，或者仅以简单的单音字节应付。这种场面的出现，根本原因就在于发言者的话没有吸引力。听者仅仅是出于纪律的约束或处世的礼貌而扮演一个"接受"的角色。所以说，冷场的出现，是发言者的失败。

实际经验表明，为了避免冷场的发生，我们在当众讲话中应掌握以下方法。

（1）发言要简短。实践经验表明，单向交流中那种应景式讲话，越短越好。而在双向交流中，任何一方都不要滔滔不绝地包场，要有意识地给对方留下发言的时间和机会。自己一轮讲不完，应待对方有所反应后再讲。

（2）不断变换话题，时常穿插趣闻轶事。所谓变换话题，就是当众讲话时遭遇冷场可通过暂时变换话题的办法吸引听众的注意力。如通过穿插趣闻轶事活跃现场气氛来吸引听众的注意力。

（3）适时地赞美听众，这样能获得共鸣和好感。听众发现演讲内容与自己的关系不大，自然不会给予太多的关注，在这种情况下，常常会出现冷场。此时，应当注意采用恰当的方式，拉近与听众的心理距离。贴近听众的一个有效方法就是发自内心地赞美听众，用中情中理的话语拨动听众的心弦，激起他们的共鸣，使他们重对演讲产生浓厚的兴趣，从而打破冷场的尴尬局面。

如实际场景中，为了打破当众讲话冷场局面，常会以现场中具有代表性的某一类人为话题，进行赞美，近而激起对方的共鸣，从而达到活跃现场的目的。

（4）调动听众的参与热情。这种方法是基于演讲的特性使然。也就是说，演讲者在以自己的演讲辞和形象的语言来感染听众的同时，听众的积极回应也有利于推动演讲的顺利进行。因此，演讲者在需要的时候向听众提出富有针对性和启发性的问题，可以调动听众参与演讲活动的热情，使他们意识到，自己也是整个演讲的一个重要组成部分，这样会有效地避免冷场和打破冷场。

（5）制造悬念，吊起听众的胃口。好的悬念不仅能够使说话者再度成为听众注目的中心，而且能够活跃现场气氛，激发听众聆听与参与的兴趣。因此，在话语中制造悬念，可以有效地吸引听众的注意力，使演讲内含的信息和情感得以准确传达。适时地制造一两个悬念，确实可以成为吸引听众注意力的非常有效的办法。

当然，当众讲话在遇到冷场的局面时，如果已经采取了诸如简短发言、变换话题、加强语气等控制手段，但仍然不能扭转冷场的局面时，就应即时中止交谈。因为，长时间的冷场对交流双方来说，都是极不适宜的，也说明了这次谈话确实是多余的。

4. 巧妙应对嘘声、哄场

哄场也可以称之为搅场，就是恶意破坏现场秩序，使发言者不停被打断，甚至被迫终止。这种情况主要出现在单向交流中。通常的情况是听众开小会、串座位、随意进出、喧哗、嘲笑、喝倒彩、吹口哨、瞎鼓掌等。

哄场出现的原因大致有三种，一是听者本就对发言者有成见，是反对派。之所以来听，就是想来钻空子、找岔子，不管你怎么说，他都要搅。二是发言者思想、学术、业务等水平不高，听者觉得言之无物，听下去纯粹是浪费时间。三是讲话内容听者不感兴趣。

实际场景中，对搅场的出现发言人只能自己去控制。那种依靠与听者有利害关系的他人出面干预、压制，或者自己愤而退场之举，都不是最终解决问题的办法。那样做，产生的负面效果可能会更差。因此，发言者必须主动控制哄场，这时就需要不露声色地迅速判明产生哄场现象的原因。因为，不同的原因应对以不同的策略。

5. 面对责难怎么办

在当众讲话的过程中遇到责难也是常有的事。所谓责难，就是责备非难，大致包含两种情况：一种是对所谈的内容有疑问或不同意见而提出问题和反对意见，多为善意的；另一种则是故意刁难，搞恶作剧，以达到让发言者难堪、出丑的目的，多为恶意。

鉴于上述情况，我们面对责难的反应，也必须有所区别。

如果所面对是善意的责难，就应尽己所知，认真、负责地阐述自己的观点或解答对方的问题。只要不是涉及国家、组织机密和有伤风化等内容的，都应有问必答，不可用"无可奉告"之类的外交辞令搪塞。如果确实回答不了，也要诚恳地表示歉意，或者留下另行探讨的话语。

面对恶意的责难需要说话者大胆一些，应针锋相对，坚决、果断地当众揭露。手法上可以多样化：或反唇相讥，或以牙还牙，或幽默风趣。总之，不能让其企图得逞。如果不予理睬、拒绝回答，或者发火、生气，或者令其离开或自己离开，都是不恰当的。因为这不仅会助长其气焰，混淆视听，更会有损自己的形象。

第六讲　说话要有的放矢

我经常对学生说，做一切事都要瞄准目标，讲话也不例外、不论是当众发言、谈判还是汇报工作，都是为了实现一定的交流目的。所以在沟通时，要先了解对方的真实意图，并在谈话中坚持话由旨遣，时刻围绕主题。

一次，美国谈判家荷伯受人之托，代表一家大公司到俄亥俄州购买一座煤矿。矿主给出的价格是2600万美元，荷伯的还价是1500万美元。

听到荷伯给出的价格，瓮声瓮气地说："先生，你不会是在开玩笑吧？"

"绝对不是，但是也请你把你的实际售价告诉我们，我们也好再商量。"

"没有什么好商量的，我的实际售价就是2600万美元。"矿主态度强硬。

谈判继续。荷伯给出的价位不断提升，从1800万美元逐渐涨到2150万美元，但是矿主依然拒绝做出任何让步。

谈判陷入僵局，荷伯不明白矿主为何不肯接受显然已经很合理的价格。看来如果只关注价格，将无法使谈判获得突破。荷伯决定先弄清楚矿主坚持不妥协的原因,他不断地请矿主喝咖啡。终于,在一次闲谈中,矿主给出了这样的解释:"我一个好朋友的煤矿卖了2550万美元,还有一些附加利益。"

荷伯恍然大悟,心中顿时豁然开朗:"这就是他固守那个价钱的理由。对方的谈判目的原来不只是价格,而我却疏忽了这一点。"

掌握了这些信息,荷伯立即与自己代理的公司有关负责人联系,他说:"我们首先得搞清楚他朋友的煤矿究竟卖了多少钱,然后我们才能确定我们的报价。显然我们首先必须处理对方的个人需要,这是个重要的问题,这跟市场价格毫无关系。"

荷伯派人去了解了矿主那个朋友的煤矿的交易信息,然后抓住矿主的这一心理重新进行谈判。不久,双方顺利达成了协议,最后的价格并没有超过公司的预算,但是付款的方式和附加条件使矿主感到他干得远比他的朋友强。

明确目的的谈判才能够取得良好的效果。所以,每一个人在说话之前,都要想一想:对方真正想要的结果是什么?我为什么要这么说?并且预先想一想可能产生的效果。只有明确了目的,我们才能更加有针对性地准备话题和谈话资料,确定说服的策略和方法。

第二次世界大战时,美国总统罗斯福的私人顾问萨克斯曾试图劝说总统抓紧进行原子弹研制,以便赶在德国之前造出原子弹。有一次,他甚至带着爱因斯坦等科学家给罗斯福的信去见了罗斯福。

萨克斯从科学家发现核裂变讲起,详细地讲述了这种武器的原理和威慑力,以及德国正在研制原子弹的信息。但是,罗斯福对萨克斯的科学论述难以理解,最后他说:"虽然你讲的这些都很有趣,但是,现阶段政府对此进行干预看来太早,还不是时候。"

在婉拒了萨克斯之后,罗斯福也感觉到有些不好意思,特意邀请他第二天共进早餐。次日早餐时,罗斯福抢先说明:"今天不谈爱因斯坦的信,一句也不许谈,明白吗?"萨克斯闻言笑了笑说:"那我就讲一点历史。"

看到罗斯福默允以后,他接着说:"曾经在欧洲大陆上不可一世的拿破仑，却在对英国的海战中屡战屡败。当时有一位年轻的美国发明家叫富尔顿，他向拿破仑建议，把所有法国战舰的风帆撤了，砍掉桅杆，装上蒸汽机，把木板换成钢板。可是，拿破仑却认为富尔顿是在胡说，没有帆怎么走呢？木板换成钢板船就会沉没！于是他把富尔顿轰了出去。"

萨克斯说完，向罗斯福问道："总统阁下，如果当初拿破仑采纳了富尔顿的建议，那么19世纪欧洲的历史会不会重写呢？"罗斯福听了这话一时愕然，在沉思了几分钟之后，他斟满一杯法国白兰地递给萨克斯，并说："你胜利了。"

萨克斯之所以能够说服罗斯福，就是因为他自始至终都目标明确，紧扣主题，无论是直言相谏还是讲述历史，其实说的都是同一回事。

所以，我们说话的时候，也一定要懂得抓紧目标，懂得在沟通过程中根据情况的变化不断地进行调节。有时，也许是因为周围环境的影响，使谈话偏离了主题。这时，就需要你自觉自控，及时调节对话内容，以便回到原定的话题上来。

第七讲　说一点善意的谎言

小时候，我们总是被告诫："说谎不是一个好孩子！"于是，在走上社会之后，我们会秉承儿时的教诲，任何时候都说真话，决不说半句假话。可是，在和人沟通的时候，要是总以真话示人，常常会给人伤害。

一天早晨，黛丽丝身着一身新衣来到办公室，看到同事玛丽就问她："看看，玛丽，我这身衣服怎么样？"玛丽立马回应道："不错，不错，一定很贵吧。"黛丽丝得意地说："花了我800美元呢。"喜悦之情溢于言表。

一会儿，黛丽丝对面新来的同事杰克斯来到办公室，黛丽丝随口问："看看，我买的新衣服。"杰克斯审视了半天，慎重地说道："黛丽丝小姐，你这衣服款式太老了。"

"花了我 800 美元呢。"黛丽丝想从价格上反驳杰克斯。

"800 美元？我姐就是卖衣服的，她店里就有这款衣服，300 美元还价就卖。"

杰克斯的话，让黛丽丝难受了一上午。

玛丽要比杰克斯聪明多了，对于黛丽丝的这身衣服，她也看出不足来了，但就是没说。

与其说是谎话，还不如说是一种奉承，一种赞美。每一个人都希望自己永远年轻。因此成年人对自己的年龄非常敏感。由于成年人普遍存在怕老心理，所以"逢人短命"就成了讨人喜欢的说话技巧。这种技巧在于把对方的年龄尽量往小了说，从而使对方觉得自己年轻，养生有术等，产生一种心理上的满足。买东西是再平常不过的日常行为。心理学表明，在人们的心中，能用"廉价"购得"美物"，那是善于购物者所具有的特质，那是精明人的一种象征，虽然我们不会，也不可能都是精明的购物者，但我们还是希望我们的购物能力能得到别人的认可。因此，当我们买了一件物品之后，如果花了 50 美元，别人认为只需 30 美元时，我们就会有一种失落感，觉得自己不会买东西。但当我们花了 30 美元，别人认为需要 50 美元时，我们则有一种兴奋感，觉得自己很会买东西。由于这种购物心态的存在，"遇货添钱"这种说话方式也就能打动人心。

生活里没有绝对的真实，如果你什么事情都实话实说，只会给自己制造出一大堆的麻烦，甚至会与整个社会格格不入。在人际沟通过程中，给真实加点谎言的"佐料"，往往能够迅速地拉近彼此的距离，让你们之间的交往变得更加亲切。

一天，哈佛学生贝里与霍金斯一起去本校拜访一位教授。那个教授在哈佛以为人严肃、平时不苟言笑著称。坐了半天，除了开头说了几句应酬话，剩下的只是让人尴尬的沉默。

忽然，贝里看到教授家养着几条色彩斑斓的热带鱼。他知道这鱼叫"地图"，自己曾送给霍金斯几条。教授见贝里神情专注地盯着自己的热带鱼，就笑着问："还可以吧？才买的，见过吗？"贝里虽然知道那是"地图"却说了一句谎话："还真没见过。叫什么名字？明儿我也打算养几条呢！"霍金斯不解地看看他，心想：装什么糊涂，不是上星期还对我说起过吗？

教授一听，来了兴致，大谈了一通自己的养鱼经，贝里听得频频点头。教授像是遇到了知音，说说笑笑，如数家珍地给他讲每条鱼的来历、名称、特征，又拉着他到书房看他收集的各类名贵热带鱼的照片，气氛顿时活跃了很多。他们本来打算坐坐就走，不料教授一再挽留，直到晚饭后才放他们走。教授在他们临走时硬塞给贝里几尾小鱼，还一直把他们从七楼送到楼下。

贝里的一句谎话使教授前后判若两人，本来几乎陷入僵局的交谈又顺利地进行下去了，这都归功于贝里假戏真做的本领，如果贝里就"金鱼"的问题实话实说，那么场面可能就会继续尴尬下去，教授也不会有如此高的热情。

一般情况下，在沟通中要讲究真诚，说谎最要不得。但是假如你善于把谎言当成真话来说，讲究说谎的尺寸与艺术，谎言也会给你带来好处，因为人性中有一个很重要的弱点，那就是大家都乐于被虚假的事实所安慰。

麦迪到店里去买自行车，由于知道自己身长腿短、不成比例，选好车子付钱后，便请老板把车座调低。谁知车店的老板一番仔细查看后，十分真诚地说："先生，你的腿绝对是长的！"顿时，麦迪飘飘然地望着老板把自行车的座调高。路上，想着老板充满自信又果断的"你的腿绝对是长的"这句话，内心不由自主地欣喜若狂。

在人际交往中，说谎要说得恰到好处，才能够获得他人的好感。说善意的谎言的时候你的最佳策略便是"认真的表情"。最好是在以认真的表情用假话恭维对方时,能够将既干脆又果断的说法及语气派上用场。比如,在与别人寒暄时,说"你看起来容光焕发,神采奕奕"后,马上再加上一句"看起来比你的实际年龄年轻很多",相信对方必然会有一股飘飘然的满足感,对你更是产生良好的印象,因为喜欢被人赞美年轻,是人之常情。

善意的谎言就像是生活的调味剂,在适当的时候说出善意的谎言,饱含真诚,散发出温暖的光辉,能让说谎者与被"骗"者共享欢乐。而过于真实只会让你身边的人"吃不消",对你敬而远之。

第八讲　巧言化解尴尬境遇

在日常生活中,谁都有可能碰上尴尬的情境:由于说话不得体弄得自己和他人都很难堪时,会感到尴尬;众目睽睽之下出乖露丑时,会感到尴尬;当受到别人的嘲讽时,会感到尴尬……不论是哪种原因引起的尴尬,都会让人觉得左右为难、手足无措,甚至觉得无地自容,恨不得有个地缝儿钻进去才好。

其实,当身处尴尬情境时,只要能够稳定情绪,从容面对,并借助恰到好处的话语及时打圆场,往往能化被动为主动,不光令尴尬消解,还可能赢得尊重与喝彩。

1. 调侃自嘲,自找台阶

生活中常会碰到一些人喜欢用直白刻薄的语言挖苦、讽刺人,这时若采取大动肝火的方式,必定造成不好下台。最聪明的办法是:多些调侃,少些掩饰;多些自嘲,少些辩解。这样便很容易改变眼前的被动局面,争取主动。

美国前总统克林顿有一次被记者围攻,记者问:"总统,您对与莱温斯基小姐绯闻的报道做何评价?"克林顿从容不迫地答道:"取笑我的话已经被世人说尽了,再也没人能说出新鲜的了。"这句话既尖锐又圆润,自嘲中带有反攻,一下子把球抛到了记者那里,话外音是:"你们谁有本事说出点新花样来,我洗耳恭听。"果然,满场记者顿时语塞。

克林顿的回答堪称自嘲法之典范。试想克林顿若表现出抵触情绪,或赤裸裸地拒绝回答记者的提问,必然招致媒体驳难四起,引发一轮更猛烈的进攻,那样只会使自己处于更加被动的地位。

2. 善意曲解,化解矛盾

有些人之所以会陷入尴尬,常常是因为他们在特定的场合说了一些不得体的话语,做出一些怪异的行为举止,从而导致尴尬和难堪场面的出现。在这种情形下,最行之有效的打圆场的方法,莫过于从善意的角度做出有利于化解尴尬局面的解释,即对该事件加以善意的曲解,将局面朝有利缓解的方向引导转化。

一次老同学聚会,大家见面分外亲热,聊得十分高兴。这时,我的一位男同学对一位女同学信口开河地说道:"你当初可是主动追求我的,现在还想我吗?"按理说,在老友重逢的气氛中,这些话虽然有些不妥,但也无伤大雅。但这位女士由于某种原因心情不好,竟然脸色一变,气呼呼地说:"你神经病!谁会追求你这种心理龌龊的人。"她的声音很大,在场的人惊讶地看着她,都觉得很尴尬,场面一下子冷下来。这时,另一位女士站了起来,笑着说:"我们小妹的脾气还没变啊,她喜欢谁,就说谁是神经病,说得越厉害越让人受不了,就表明她越喜欢。小妹我说得对吧?"这番善意的解释,让大家都想起了大学时的美好生活,不由得七嘴八舌,互相开起玩笑来,尴尬场面也随之烟消云散了。

当然,善意的曲解并不是单纯地和稀泥、掏浆糊,而是弥补别人一时的疏忽,消解别人心中的误解和不快,保证人际交往的正常进行,因而是一种很有效也很有必要的交际手段。

3. 故意装"傻",转移话题

装"傻",顾名思义就是装作不知道,是对别人的话装作没有听到或没有听清楚,有意地顾左右而言他,也就是巧妙地采用偷梁换柱的方式装移对方的话题,使其无法继续设置窘境,从而达到化解尴尬的效果。

哈佛也有公开课,各系的老师随意去听讲、观摩。有一次,我和杰姆老师去听约翰老师的课,开课没多久,约翰在黑板上刚写了几个字,学生中突然有人叫起来:"约翰老师的字比杰姆老师的字好看!"学生口出实言,但对于坐在最后一排听课的杰姆来说,又是怎样的尴尬!而对于约翰来说,这样的情况又让她以后如何面对杰姆呢?如何与杰姆一起度过三个月的实习生活呢?是该转过身来谦虚地说几句呢?还是采取别的方法?此时,约翰灵机一动,继续写了几个字,头也不回地说:"是谁在下边大声喧哗?"

简单的一句话化解了后座的杰姆紧张尴尬的情绪。约翰老师的应变能力实在让我叹服!

这里约翰老师就是巧妙地运用装傻法,避开"称赞"这一事实,装作没有听清楚,而去强调"学生喧闹"这一假象,这样说既巧妙地告诉杰姆老师"我根本没有听到",又回应了学生的称赞兴致,避免了学生再继续重复,而使尴尬无法收场。

第06辑
拉摩尔·亚历山大教授讲"沟通的雷区"

很多人不把"说话"当回事,尽管知道自己在说话上存在这样那样的缺陷,却看不到这些缺陷给自己的生活、事业带来的巨大危害而听之任之,这样下去,吃大亏的还是自己。因此,在与人沟通的过程中,一定要先"动脑"再"动口",在"话"说出之前,稍微修饰一下它的棱角,仔细地把握好说话的分寸,衡量一下说话的场合,避免踩到沟通的雷区。

拉摩尔·亚历山大,美籍加拿大人,早年毕业于多伦多大学,父亲是加拿大人,母亲是美国人。曾担任过州长、教育部副部长。长期的政坛演讲让他积累了丰富的演让他讲经验,他在哈佛大学风趣幽默的讲课风格吸引了大批学生,深受学生的仰慕。

第一讲　不在人背后蜚短流长

有人曾说过这样的话：背后蜚短流长，搬弄是非的人本身就是是非人。这话虽然说得有些片面，但是仔细一想并不是没有一点道理，但是有一点是任何人都不容否认的，他在你面前议论别人，同样也会在别人面前议论你。这样的人，和任何人都难以沟通。

所以说，要想顺畅地和人沟通，你千万要管住自己的嘴巴——别在背后蜚短流长，议论别人是非。也就是说，尽量少说话，多做事，否则，在给别人带来麻烦的同时，也给自己带来不便。

我的同事斯蒂芬是个热情豪爽的人，但是她有个最大的毛病就是口无遮拦，爱议论别人。这天，她和几个同事去动物园参观。当她们走到熊猫馆时，她指着那只胖胖的熊猫说："你们看，这只熊猫跟勃兰娅多像呀，同样都是圆圆的，笨笨的。"

同事们听后，哈哈大笑起来。谁知，勃兰娅此时和丈夫也在旁边参观，只不过大家没有发现罢了，这话正好被她和丈夫听到。勃兰娅立刻气得脸色铁青，说不出一句话来。她的丈夫指着斯蒂芬说："你……你太过份了，竟敢这样说我的妻子。胖有什么不好，瞧瞧你自己瘦得跟个猴子似的，有什么好的。"说完两个人拂袖而去。

斯蒂芬真是后悔莫及。但是说出去的话，就像泼出去的水是收也收不回来的。

斯蒂芬之所以令同事难堪，同时也令自己陷入尴尬境地，这全部归结于她那爱议论别人的性格。殊不知，为人处事不要总是直言不讳，随心所欲，因为那样不但会给对方造成很大的伤害，同时也会让别人对你产生反感。

因此，你千万要记住，别在背后议论别人，这不仅仅是一种不好的行为习惯，同时也是沟通的最大忌讳。

当然，还有可能遇到另外一种情况，你不议论别人，别人可能议论你。那么，当你听到有关你的流言蜚语时，你该如何处理才能既不伤害彼此和气，又能保证自己不受到伤害呢？

1. 审视自我，正视现实

俗话说得好：哪个人前不说人，哪个背后无人说？可见喜欢搬弄口舌者的人数之多。被人背后议论虽然不好，遭遇流言蜚语更是可气。这时千万要沉着冷静，审视自我正视现实，有则改之，无则加勉才是上策。

2. 多一些大度、宽容

流言蜚语大多是经过众口传播，添油加醋，由针尖大的一个眼，夸大成碗口大的一个洞。其实，许多都是纯属虚构，捕风捉影，你根本没有别人所说的那些问题，但你碰到这样的情况时，千万不要感情用事，鲁莽草率，还是多一些大度宽容，让那些流言蜚语自生自灭。

3. 让事实说话

在现实生活中，颠倒黑白是非的事情时有发生。莫须有之罪会让别人编造的天衣无缝，即使你有充足的理由，也很难澄清，这时就需要你用事实说话了。事实胜于雄辩，它是一张过滤器，会把一些污浊过滤掉的。

4. 进行有效沟通与交流

散布流言的人，话虽有些恶毒，但是如果不是什么敌我矛盾，还是应该正确对待。在现实生活中，能做到坦荡宽容，不仅会使问题变得容易解决，而且还能提高自己的人格且受人尊重。我们应力争在人际关系中实行"开放"，与更多的人沟通交流，平时多联络多活动，多听听别人对自己的意见，多让别人听听自己的见解，多剖析一些实质性问题，消除误会，将恶语堵回去。你敬人一尺，人敬你一丈，虽是浅俗的乡间俚语，却很有见地。

总之，流言蜚语不但害人也害己，一定要认真对待，在与人沟通中，我们既要管好嘴巴，不制造、传播流言，也要掩耳，不去听信闲言。这样才能利人又利己，才有利于与人交流。

第二讲 语言也有要避免的禁忌

说话看起来比做文章简单，其实不然。做文章，可以细细推敲，再三订正。说话就不一样了，一旦话说出口就成为事实，不可能再有反复修改的机会。所以与人说话，应该特别留神。

我曾教过学生一个方法：对于要说的话，最好事先打个草稿，列个提纲，以防说话时遗漏；说话之前，要对自己的听者做一个初步的了解，防止说出不合时宜的话；对别人的回答，要有分寸，你认为对的，就回答他一声"很好"，你认为不对的，就回答他"这个问题很难说"。总之，不要说得太肯定，否则会造成不愉快的后果。

即使你掌握了很多说话的技巧，你也不能口无遮拦地随意说话，说话时还要注意避免交际中的各种禁忌，做到既把自己的话说得动听、说得有水平，又不伤害对方的感情，使双方在愉快的气氛中交谈，发表自己的观点，征求对方的意见。

一天，我和几个同事在办公室聊天，我的助教凯丽提起她昨天配了一副眼镜，于是拿出来让大家看看她戴眼镜好看不好看。大家不愿扫她的兴都说很不错。这件事使同事杰克想起了一个笑话，他就立刻说出来："有一个老小姐走进皮鞋店，试穿了好几双鞋子，当鞋店老板蹲下来替她量脚的尺寸时，这位小姐——她近视得厉害——看到店老板光秃的头，以为

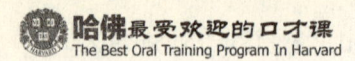

是她自己的膝盖露出来了，连忙用裙子将它盖住，她立刻听到一声闷叫："'不会吧！'店老板叫道，'保险丝又断了！'"

接着是一片哄笑声，孰料事后竟从未见到凯丽戴过眼睛，而且碰到杰克再也不打一声招呼。

其中的原因你不难明白。说者无心，听者有意，在杰克来想，他只联想起一则近视眼的笑话。然而，凯丽则可能这样想：笑我戴眼镜不要紧，还影射我是个老小姐。我老吗？上个月我才 25 岁！

所以，开玩笑要得体。像上例杰克那样严重地伤害了一个人的自尊，却是始料不及的。

人际交往中，开个得体的玩笑，可以松驰神经，活跃气氛，创造出一个适于交际的轻松愉快的氛围，因而诙谐的人常能受到人们的欢迎与喜爱。但是，开玩笑开得不好，则适得其反，会伤害感情，因此开玩笑要掌握好分寸。

1. 避免粗俗的内容

笑料的内容取决于玩笑者的思想情趣与文化修养。内容健康、格调高雅的笑料，不仅给对方启迪和精神的享受，也是对自己美好形象的塑造。

钢琴家波奇在一次演奏时，发现全场有一半座位空着，他对听众说："朋友们，我发现这个城市的人们都很有钱，我看到你们每个人都买了两三个座位的票。"于是这半屋子听众放声大笑。波奇无伤大雅的玩笑话不但活跃了气氛，而且使他避免了尴尬。

2. 不要使用冷嘲热讽的语言

与人为善，是开玩笑的一个原则。开玩笑的过程，是感情互相交流传递的过程，如果借着开玩笑对别人冷嘲热讽，发泄内心厌恶、不满的感情，那么除非是傻瓜才识不破。也许有些人不如你口齿伶俐，表面上你占到上风，但别人会认为你不尊重他人，从而不愿与你交往。

3. 玩笑要分清对象

同样一个玩笑，能对甲开，不一定能对乙开。人的身份、性格、心情不同，对玩笑的承受能力也不同。开玩笑之前，先要注意你所选择的对象是否能受得起你的玩笑。对于狡黠聪明的人，他不会使你占便宜的，结果是旗鼓相当，不分高下。对于憨厚诚实的人，则无还击之计，亦无抵抗之力，这种人喜欢和大家一齐笑，任你如何取笑，他脾气绝好，不会动怒。介乎两者之间的那种人，开玩笑时更要小心。这种人大概也爱和别人笑在一起，但一经别人取笑时，既无立刻还击的聪明机智，又无接纳别人玩笑的度量，如果是男的则变为恼羞成怒、反目不悦，如果是女的就独自痛哭一顿，说是受人欺侮。所以开玩笑之前，要先认清对方属于哪一类人，这样才最为安全。

对方性格外向，能宽容忍耐，玩笑稍微过大也能得到谅解。对方性格内向，喜欢琢磨言外之意，开玩笑就应慎重。对方尽管平时生性开朗，假如恰好碰上不愉快或伤心事，就不能随便与之开玩笑。相反，对方性格内向，但正好喜事临门，此时与他开个玩笑，效果会出乎意料的好。

此外，还要注意以下几点：

（1）和长辈、晚辈开玩笑忌轻佻放肆，特别忌谈男女情事。几辈同堂的玩笑要高雅、机智、幽默、解颐助兴、乐在其中。在这种场合，也忌谈男女风流韵事。当同辈人开这方面玩笑时，自己以长辈或晚辈身份在场时，最好不要搀言，只若无其事地旁听就是。

（2）和非血缘关系的异性单独相处时忌开玩笑（夫妻自然除外），哪怕是开正经的玩笑，也往往会引起对方反感，或者会引起旁人的猜测非议。要注意保持适当的距离。当然，也不能拘谨别扭。

（3）和残疾人开玩笑，注意避讳。人人都怕别人就自己短处开玩笑，残疾人尤其如此。

（4）有朋友陪客时，忌和朋友开玩笑。人家已有共同的话题，已经形成和谐融洽的气氛，如果你突然介入与之玩笑，就会转移人家的注意力，打断人家的话题，破坏谈话的气氛。

4. 开玩笑要适可而止

开玩笑除了可借助语言外，有时也可以通过行为动作来逗别人发笑。有对小夫妻，感情很好，整天都有开不完的玩笑。一天，丈夫摆弄鸟枪，

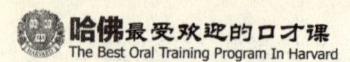

对准妻子说:"不许动,一动我就打死你!"说着扣动了扳机。岂料他忘了枪里已上了子弹,结果,妻子被意外地打成重伤。可见,玩笑千万不能过度。

开玩笑还应当顾及到对方的尊严,如果让对方太难堪了,亦非开玩笑的本意。你笑你的同学考试不及格,你笑你的朋友怕老婆,你笑你的亲戚做生意老蚀本,你笑你的同伴走路的时候跌了跤……这些都是需要同情的事件,你却拿来开玩笑,不仅使对方难于下台,且表现出你的冷酷。同样地,不可拿别人生理上的缺陷来做你开玩笑的资料,如斜眼、麻面、跛足、驼背等,别人不幸的,你应该给予同情才是。如果谈话中的人,有一位是生理上有缺陷的,在谈话中,最要避免易使人联想到缺陷方面去的笑话。

这样一来,或许你会告诫自己:少说或不说玩笑话!但是,玩笑话大多具有使工作场所变得活泼,化解呆板气氛的功用。"不苟言笑"也不利于人与人之间的沟通。所以你要记住,开玩笑不能过分,尤其要分清场合和对象。美国总统里根一次在国会开会前,为了试试麦克风是否好使,张口便说:"先生们请注意,五分钟之后,我对苏联进行轰炸。"一语既出众皆哗然。里根在错误的场合、时间里,开了一个极为荒唐的玩笑。为此,苏联政府提出了强烈抗议。总的来说,在庄重严肃的场合不宜开玩笑。

第三讲　说话之前要想一想

话不能乱说,一定要注意其可能产生的后果,有时候某些人的谈话虽然没有错误,但在一定场合却会出现误解,这就要求我们随着谈话的进行,尤其要注意听者在心理和情绪上所产生的或明显或细微的变化。比如，听者已经完全了解了你的意图，或是听到一半就表现出一种不耐烦的情绪，或是谈话的环境由于第三者的闯入而发生变化等。作为表达者应敏锐察觉并据以调整自己的表达内容和方式，以便把话说得恰到好处。

据报载，葡萄牙的环境部部长，只因不看场合说了句玩笑话而丢掉了部长职位。事情是这样的：葡萄牙的阿连特加地区，水中含铝超标，已经致使16个人脑受损医治无效而先后死去，医院里还有些同样的病人处于危险状态。政府决定彻底查清原因，采取防治措施。为此，环境部、卫生部的负责人、专家们和有关的医生们在米纽大学举行讨论会。会后休息时，环境部部长指着医院的几个医生对大家开玩笑说："你们知道他们和阿连特加地区最近死去的那些人有什么关系吗？他们将那些人弄到回收工厂，从那些人的肾脏中回收铝。"

这当然是说笑话，怎么可能从人体中回收铝呢？但是，在这样不幸的令人焦灼不安的时刻和场合开这样的玩笑，实在不应该。因而，这位环境部长事后声明道歉，并引咎辞职。

因此，交谈应该注意一些防止说错话的方式，比如：

1. 尽量不要和人争辩

你喜欢和人争辩，是否以为你可以用议论压倒对方，就会得到很大的益处呢？其实，你不必压倒对方。即使对方表面屈服了，心里也必悻悻然，你一点好处也得不到。好争辩会损害别人的自尊心，因而对方会对你产生反感，因此失掉一些朋友。好胜是大多数人的天性，没有人肯自认失败的，所以一切争辩都是不必的。如果能够常常尊重别人的意见，你的意见也必被人尊重。如此，你所主张的，就会很容易得人拥护。你可以实现你的主张，你可以左右别人的计划，但不是用争辩的方法来获取。

2. 询问别人不要用质问的口气

用质问式的语气来谈话，是最易伤感情的。许多夫妻不睦，兄弟失和，同事交恶，都是由于一方喜欢以质问式的态度与对方谈话所致。除遇到辩论的场面，质问是大可不必的。如果你觉得对方的意见不对，你不妨立刻把你的意见说出，何必一定要先来个质问，使对方难堪呢？有些人爱用质问的语气来纠正别人的错误,这足以破坏双方的情感。被质问的人往往会被弄得不知所措,自尊心受到大大的打击。尊敬别人,是谈话艺术必需的条件,把对方为难一下,图一时之快,于人于己皆无好处。你若不想别人损害你的尊严,你就不能损伤别人的自尊心。

3. 坦诚虽好但不要太直白

对方谈话中不妥当部分,固然需要加以指正,但妥当部分即须加以显著的赞扬,对方会因你的公平而易于心悦诚服。改变对方的主张时,最好能设法把自己的意思暗暗移植给他,使他觉得是他自己修正,而不是由于你的批评。对于那些无可挽救的过失,站在朋友的立场,你应当给予恳切的指正,而不是严厉的责问,使他知过而改。纠正对方时,最好用请教式的语气,而用命令的口吻则效果不好。要注意不要伤害对方的自尊心。

4. 不要吹毛求疵挑别人毛病

千万不要故意与人为难,有的人专门喜欢表示自己与别人意见不同。这种处处故意表示自己与别人看法不同的人,和处处随声附和的人一样,都是不老实的。口才是帮助你待人处世的一种方法,没有人愿意做一个口才很好却到处不受欢迎的人。不要为了要表现你的口才,而到处逞能,故意挑毛病,惹人憎厌。

5. 感情要真实,不要虚情假意

对于你不知道的事情,不要冒充内行。不懂装懂是一种不老实的自欺欺人的行为,你知道多少,就说多少,没有人要求你做一本百科全书。即使一个很有学问的人,也必有所不知。所以,坦白地承认你对于某些事情的无知,这不是一种耻辱,相反,别人会认为你的谈话有值得考虑的价值,因为你不虚伪,没有吹牛。

6. 任何时候都不要在他人面前炫耀

别对陌生人夸耀你的个人生活,例如你个人的成就,你的富有,或是你的儿子怎么了不起等。不要在公共场合把朋友的缺点和失败当成谈话的资料。不要老是重复同样的话题,不要到处诉苦和发牢骚,诉苦和发牢骚并不是一种良好的争取同情的手段。

第四讲 拒绝要注重艺术性

在人际交往中，我们总有被人拒绝或拒绝别人的时候。拒绝，表述时总难离开一个"不"字，而这个"不"字，又往往最不好意思说出口。既要把"不"字说出口，又能赢得人家的宽容和体谅，和他人保持良好的人际关系，实非易事，敢于说"不"，诚然不易，而善于说"不"，则更加难得。所以给拒绝找一个适当的方式，确实是一门艺术。

曾有位女士对林肯说："总统先生，你必须给我一张授衔令，委任我儿子为上校。"林肯看了她一下，并没有回答。女士继续说："我提出这一要求并不是在求你开恩，而是我有权力这样做。因为我祖父在列克星敦打过仗，我叔父是布拉斯堡战役中惟一没有逃跑的士兵，我父亲在新奥尔良作过战，我丈夫战死在蒙特雷。"林肯仔细听过后说："夫人，我想你一家为报效国家，已经做得够多了，现在到了就把这样的机会让给别人的时候了。"

这位女士本意是恳求林肯看在其家人功劳的分上，为其儿子授衔。林肯当然明白对方的意思，但是他采用装糊涂的方法拒绝了对方的请求。

拒绝的方式多种多样，可以因人因事灵活运用。面对某些人的无理取闹，特别是面对时弊陋习，务必旗帜鲜明，断然予以拒绝。

恰到好处的拒绝既有利于自己，也有利于别人。在交际中，你不可能什么事情，什么情况下都能满足对方的要求。有些人经常在该说"不"的时候没有说"不"，结果到头来既害己，又害人，将人际关系弄糟。

敢于说"不"，善于说"不"，这是做人处事不可或缺的学问。拒绝人的话是很难说出口的，因此要学会说"不"必须掌握一些说"不"的诀窍。也就是说在别人提出要求前做好说"不"的准备工作。那些在别人不论提出多不合理的要求时都很难说"不"的人,通常是由于以下一种或几种原因:

(1)对自己的判断力缺乏自信,弄不清楚什么是自己应该说的,什么是别人不该期望自己表达的观点。

(2)担心拒绝别人的请求会让人把自己看扁了,渴望讨别人喜欢。

(3)对自己能否成功地负起责任认识不清,胡乱承担责任。

(4)具有完善的道德标准,他们会因为"拒绝帮助"别人而感到罪过。

(5)觉得自己低人一等,因而把别人看成是能控制自己的"权威人士",故而不敢说"不"。

然而,不论出于何种理由,这些不敢说"不"的人通常承认自己受感情所支配。不管过去的经历如何,他们从未在别人提出要求时有一个准备好的答复。

当然,说"不"有说"不"的诀窍,高明的手法就是用"不"说不的方式来表达拒绝。以下是一些说"不"的技巧:

1. 用沉默表示"不"

当别人问:"你喜欢吃韩国菜吗?"你心里并不喜欢,这时,你可以不表态,或者一笑置之,别人即会明白。一位不大熟识的朋友邀请你参加晚会,送来请帖,你可以不予回复。它本身说明,你不愿参加这样的活动。

2. 用拖延表示"不"

一位朋友想请你帮忙。她在电话里问你:"今天去你们公司,可以吗?"你可以回答:"明天再约吧,到时候我给你去电话。"你的同事约你星期天去钓鱼,你不想去,可以这样回答:"其实我是个钓鱼迷,可自从成了家,星期天就被妻子占有啦!"

你和孩子一块上街,孩子看到一件自己喜欢的玩具,很想买,但你又不想纵容孩子乱花钱,你可以拍拍衣袋说:"糟糕,我忘了带钱包。"

有人想找你谈话,你看看表说:"对不起,我还要参加一个会,改天行吗？"

3．用反问表示"不"

你和别人一起谈论国家大事。当对方问："你是否认为物价增长过快？"你可以回答："那么你认为增长太慢了吗？"

你的朋友问："你讨厌我吗？"你可以回答："你认为我讨厌你吗？"

4．用客气表示"不"

当别人送礼品给你，而你又不能接受的情况下，你可以客气地回绝：一是说客气话，如"你太客气了，真的不需要这样"；二是表示受宠若惊，不敢领受，如"我没帮什么忙，实在是不好意思受领"；三是强调对方留着它会有更多的用途，如"这对我来说用处不大，你留着才能物尽其用啊"等。

5．用外交辞令说"不"

外交官们在遇到他们不想回答或不愿回答的问题时，总是用一句话来搪塞："无可奉告"。生活中，当我们暂时无法说"是与不是"时，也可用这句话。

还可以用其他搪塞语："上帝知道"，"不久，事实会告诉你的"，"这个嘛……我们难说明白"，等等。

6．以友好、热情的方式说"不"

一位作家想同哈佛大学某教授交朋友。作家热情地说："今晚我请你共进晚餐，你愿意吗？"不巧教授正忙于准备学术报告会的讲稿，实在抽不出时间。于是，他亲热地笑了笑，带着歉意地说："对你的邀请，我非常荣幸，可是我正忙于准备讲稿，实在无法脱身，十分抱歉！"这样拒绝是有礼貌而且愉快的，而且又是那么干脆。

7．避免只针对对方一人

某造纸厂的推销员来哈佛大学推销纸张。推销员找到他熟悉的哈佛大学的总务处长，恳求他订货。总务处长彬彬有礼地说："实在对不起，我们单位已同××造纸厂签订了长期购买合同，单位规定再不向其他任何单位购买纸张了，我也应按照规定办。"因为总务处长讲的是"任何单位"，就不仅仅针对这个造纸厂了。

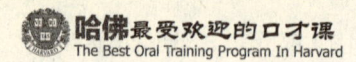

当我们羞于说"不"的时候，请恰当地运用上述方法吧。但是，在处理重大事务时，来不得半点含糊，应当明确说"不"。

8. 不说不的"不"

俄国著名的寓言作家克雷洛夫在一段相当长的时间里，生活十分穷困潦倒，有时甚至交不起房租。

一次，克雷洛夫和他的房东签订租契。房东在租契上写明，假如克雷洛夫不慎引起火灾，烧了房子，必须赔偿1.5万卢布。

克雷洛夫看了看租契，不但不表异议，而且提笔在后面加上两个"0"。

"怎么，150万卢布！"房东惊喜地喊道。

"是呀！"克雷洛夫不动声色地回答，"反正一样赔不起。"

在生活中谁也免不了要说"不"，掌握以上这些说"不"的技巧，并且在实际的说话中恰当地运用，相信你会体会到拒绝人的心得。

当然，拒绝人家的请求，否定人家的意见，往往需要委婉地表达。这样既能使对方接受你的意见，又不会伤害对方的自尊心。当你准备说"不"时，不妨采取下列几种策略和口气来应付：

1. 用肯定的口气拒绝

先对对方的意见进行中肯的肯定，然后再找个借口拒绝，这就是用肯定的口气拒绝的技巧。直接反对对方的意见会给对方比较突兀的感觉，情感上因为太突然而难以接受，但是，首先对他的意见给以肯定，让他先有一个好的心理，再拒绝时他也不会过于难受，因为他也有所收获啊！

一位长期从事军事工作的部门负责人说，他最喜欢的词句是："这个提议非常好，以后我们可以适当采用"，"好主意，不过我恐怕一时还不能实行"。先用肯定的态度表示拒绝，可以避免伤害对方的感情，而用"以后"、"一时间"等字眼，表示还未完全拒绝。

2. 用恭维的口气拒绝

用恭维的口气拒绝别人，即使你是在拒绝别人，可是对方听到的却是你对他的恭维，对于你的拒绝虽然心存不悦，但是由于你的恭维又使这种不平心理得到了安抚，算是打平了，所以，对方也不会因此过分难受。

3. 用商量的口气拒绝

如果有人邀请你参加某集会，而你偏偏有事缠身无法接受邀请，你可以这样说："太对不起了，我今天的确太忙了，下个星期天行吗？"这句话要比直接拒绝好得多。

用这种口气拒绝最大的优点就是给了对方另一个希望，使对方感觉你不是很直接地拒绝，没有让他觉得很难堪。

4. 用同情的口气拒绝

最难拒绝的是那些只向你暗示和唉声叹气的人。例如一位外地朋友对你说："老李要出差到你们那边。要不是旅馆住宿费那么贵，我也会跟他一起去。"

这时你应该采取的策略，是以同情的口吻说："啊，对你的问题，很遗憾我帮不上忙。"另一对策是打开窗户说亮话："如果你是在问能不能来我家里住，恐怕这个周末不行了。"

5. 用委婉的口气拒绝

试比较一下，"我认为你这种说法不对"与"我不认为你这种说法是对的"，"我觉得这样不好"与"我不觉得这样好"这两对表达方式，我们不难发现，尽管前后的意思是一样的，但后者更为委婉，较易为人接受，不像前者那样有咄咄逼人之势。

6. 忌与对方套近乎

给人以"敬而远之"的态度，比较容易把"不"说出来并说得较好，换句话说，对方试图与你套近乎，你要保持头脑清醒，以免做了感情俘虏，给对方可乘之机。一般说来，见一次面就能记住别人名字的人，常容易与人接近，故此，在交谈中不断称呼别人的名字，并冠之以"兄"、"先生"等常使人产生亲近感。那么，反过来你想说"不"时，便应杜绝这种亲密的表示，即对方的名字一概不提，这样加大与对方的心理距离，就容易说"不"了。还有谈话时尽量距离对方远些，使其不容易行使拍、拉等触动性的亲密动作。据心理学家研究，"触动"是很容易产生共同感受的，故准备说"不"时应注意避免。另外，最好也不要触摸对方递出来的东西，东西也和人一样，一经"触摸"也会产生"亲密感"，想要拒绝就不容易了。

第五讲　不要命令别人去做什么

英国教育家斯宾塞说过："命令只有在其他方式不适用或失败时才用。我们要像一个善良的立法者一样，不要因为压迫人而高兴，而是因为用不着压迫而高兴。"商量的魅力在于，使自己学会从别人的角度思考问题。亲人之间的沟通，最重要的是相互理解、相互尊重，而实现它们的方法就是学会商量。

然而，在日常生活中，人们却常常将命令和商量混用。这样一来，一个小小的"词不达意"往往会扰乱人们的生活，造成夫妻间不和睦，父子不和顺，朋友不和气，家庭不和谐，邻里不安居。小则双方心中生点小气，闹个不愉快；大则双方记恨于心，以致耿耿于怀，为日后的冲突埋下祸根，甚至引来难以预料的严重后果。

我的朋友琼斯女士在30岁生日那天，突然想让她先生送自己一件特别的礼物。送什么呢？想来想去，她想到结婚五年以来，先生从来没有为她做过一顿饭。于是，她想让先生下一次厨房。

琼斯女士想要的礼物，对于一般人来说是再简单不过了，但是对于她先生来说，却非常困难。因为这位男士对油烟过敏，一闻到油烟就咳嗽不断，所以特别反感进厨房。但是，琼斯女士觉得是自己过生日，自然自己最大。所以，当先生提着生日蛋糕进门时，她大声向先生命令道："今天你必须为我做一顿饭。"

先生本来也正有这个打算，但是当听到妻子命令式的口气后，他的心理变得有些抵触。妻子的强硬口气、使他觉得如果自己乖乖地服从命令，岂不是太没面子了。于是他打消了为妻子做饭的念头，并且装出一副绝不服从的样子，就是不肯进厨房。于是，生日晚餐变成了一场激烈的争吵。

以严厉的口吻去命令别人必须去做某件事情，凡事都以服从你为标准，这种形式上的压迫只会换来口服心不服。不仅不会起到正面效果，反而会引起对方的逆反心理，毕竟谁都不愿意像机械或奴隶一般去听从另一个人的命令，久而久之，对方便会认为你不过是一个只会使用身份来压迫别人的人。

无论是夫妻相处、父子相处、朋友往来，还是生意、工作上的联系与交往，最好都不要用命令的语气说话。用命令的语气说话，势必会带给人以伤害，人一旦自尊心受到了伤害，谁还能对你心平气和呢？

命令是日常生活中的祸根与毒药。即使你觉得必须要别人去完成的事，也尽量要用商量的语气，你可以陈述理由，可以分析利害，但千万别强行命令别人。命令，常常会将好事搞砸，带来与人的本意相反的后果。

美国最著名的传记作家伊达·塔贝尔应邀为著名实业家和外交官欧文·扬写传记，在写作过程中，她访问了一个与欧文·扬在同一间办公室工作了三年的人。这人表示，在那段时间内，他从未听见过欧文·扬向任何人下过一次直接命令。

他总是建议，而不是命令。例如，欧文·扬从来不说"做这个或做那个"或是"不要做这个，不要做那个"。他总是说："你可以考虑这个"或"你认为，这样做可以吗"。他在口授两封信之后，经常说："你认为这封信如何？"在检查某位助手所写的文件时，他总是说："也许我们把这句话改成这样，会比较好一点。"

他从不命令他的助手去做某件事，而是让他们自己去做，然后从旁给予建议。因此他很受下属们的爱戴。

很多人都有"吃软不吃硬"的心理，倘若你总是以一副高人一等的姿态，用命令的口吻说"你去给我做——"、"你必须！……"，即使对方当时听了你的话，接受了你的指派，但心里肯定也会不舒服，更不会对你产生好感。

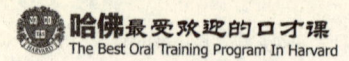

没有人爱听命令，即便你们的感情真的很好，或者你的确有权力命令他去做什么，也最好不要这样做，那会让你失去别人对你的尊敬和信任。如果你能切身地转换一下角度、转换一下语气，适当地体谅一下别人的感受，凡事以商议口气和给对方留有余地的方式提出建议或想法，对方会因为你对之付出的这份尊重而乐意多考虑你的建议，并对你的人品更加钦佩。

第六讲　"你错了"要慎出口

我记得19世纪的英国政治家斐尔爵士说过这样一句话："如果可能的话，要比别人聪明，却不要告诉人家你比他聪明。"所以，永远不要说这样的话："你的确错了，不信我证明给你看。"这等于是说："我比你更聪明。我要告诉你一些事，使你改变看法。"不管你用什么方法证明对方错了，都可能伤害对方，使对方产生不满情绪。

在人与人沟通中，"你错了"这三个字拥有超强的破坏力。它们通常只会带来不快、争吵，甚至能使朋友变成对手。因此，不要轻易对别人说"你错了"，我们在批评别人时应避开这类词语。

第二次世界大战刚结束时，卡耐基担任一位爵士的私人经纪人。有一天晚上，爵士邀请他参加一场宴会。在宴会中，坐在卡耐基右面的先生讲了一个幽默的故事，并引用了一句莎士比亚的话。但那位健谈的先生却说他所引证的这句话出自《圣经》，这明显是错误的。卡耐基当场纠正了他，但他立即予以回击道："什么？出自莎士比亚？不可能，绝对不可能，那句话出自《圣经》。"

当时在场的宾客中有弗兰克·格蒙，他研究莎士比亚的作品已经很多年了，同时他也是卡耐基的朋友。于是，卡耐基便与那位先生约定，向弗兰克请教。出乎卡耐基意料的是，弗兰克竟然说："戴尔，这位先生是对的，这句话出自《圣经》。"

在回家的路上，卡耐基气哼哼地对弗兰克说："弗兰克，你明知道那句话是出自莎士比亚的。"

"是的，当然。"他回答道，"《哈姆雷特》第五幕第二场。可是亲爱的戴尔，我们是宴会上的客人，为什么一定要证明他错了呢？他并没有征询你的意见嘛。"

发现对方犯了错，不善言谈的人常常喜欢口出直言，毫无顾忌地说："你错了。"而聪明人则知道给人留面子，懂得批评的目的是让别人认识并改正自己的错误，而不是要制服别人，更不是拿别人出气或显示自己的威风。

即便对方真的错了，你必须让他承认并纠正错误，也应该回避"你错了"或类似的词语。如果你当面指责对方，就有可能使对方对你产生抵触情绪，从而把事情搞得更糟。所以，与其直截了当地说"你错了"，不如委婉一些、温柔一点，让对方意识到自己不对，这样对方改正错误的积极性会更高。

温蒂太太正在装修房子，装修工人的技术很好，但是有一个缺点，就是他们都太懒了，完事后，从来都不会想着将院子收拾一下。因此，温蒂太太每天下班回家的时候都会看到满院子的木屑和小木块。

温蒂太太很苦恼，但是却不想跟工人们抗议，因为他们的工作的确做得不错。于是，等工人们都离开了之后，她像往常一样带着自己的几个孩子把院子收拾了一遍，木屑都清理掉了，小木块也都捡起来，整整齐齐地堆放到了角落里。

第二天清晨，温蒂太太把工人们叫到一起，说道："我们很高兴昨天晚上的草地这么干净，又没有给邻居添麻烦。"从那天起，工人们每天都把院子清理得干干净净。

人都有自尊心，都会不自觉地去维护自己的意见和看法。因此，几乎没有谁在听见"你错了"三个字时内心仍能保持平静。很多人会因为别人

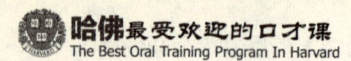

的指责而闷闷不乐，冲动的人甚至会当即暴跳如雷、反唇相讥。

我们有时会在毫无防备或在被热情淹没的情形下改变自己的想法，但是如果有人说我们错了，反而会使我们迁怒对方，更固执己见。我们会毫无根据地形成自己的想法，如果有人不同意我们的想法，我们就会全心全意维护我们的想法。显然不是那些想法对我们有多珍贵，而是我们的自尊心受到了威胁——我们愿意继续相信以往相信的事，而如果我们所相信的事遭到了怀疑，我们就会找尽借口为自己的信念辩护。因此，我们应该尽量少说"你错了"。即使对方存在问题，也一定可以找到别的办法让他认识到这一点，想让别人同意你而放弃他自己的观点，温和巧妙的言辞远比直来直去聪明得多，也有效得多。

第七讲　和人争论没好处

一位名人曾说过，"争论的背后往往孕育着危险"。此话确实一点不错。与人交流中难免会出现意见不一致的时候，假如你只知道自顾自地喋喋不休，全然不顾他人的感受，对方就会认为你是个狂妄自大的人而不愿与你交往，甚至会因为争论时的过激言语刺伤自尊心，引起双方的矛盾。和别人争论而失去了朋友，失去了好人缘，这实在令人觉得可惜。要知道争论对人对己都是毫无益处的，它只会拉开你与别人的感情距离，招致对方的反感。

利亚伶牙俐齿，是哈佛大学辩论赛上的女状元，当她在台上口吐莲花般地辩论时，同学们都为她的口才折服。然而，在生活中却没人喜欢她，因为她把她的辩论才能也用在了和同学的沟通中。

"不对，你的提法就是错误的！"

"太可笑了，你怎么会这么认为！你的观点太落伍了！"

"我的想法是绝对正确的，你不用再跟我争了！"

……

每一天，利亚都要为一些小事、为一些看法和同学争论个没完，一副"你不投降誓不罢休"的架势，同学们都有点害怕她了，她总能使轻松的聊天变成一场激烈的对抗，和她在一起总是提心吊胆，生怕一句话说错了让自己陷入争论中。利亚身边的朋友越来越少，没有人喜欢和她待在一起。

19世纪时，美国有一位青年军官因为个性好强，总爱与人争辩，所以经常和同僚发生激烈争执，因此人缘奇差，不能跟别人很好地合作。林肯曾经因此处分这位军官，并说了一段深具哲理的话："任何决心有所成就的人，绝不会在私人争执上耗时间，争执的后果，不是他所能承担得起的。而后果包括发脾气、失去自制。要在跟别人拥有相等权利的事务上，多让步一点。而那些显得是你对的事情，就让得少一点。与其跟狗争道，被它咬一口，不如让它先走。因为，就算宰了它，也治不好你的咬伤。"

威廉·麦克阿杜是美国总统威尔逊的得力助手，他也曾以多年的从政经验告诉我们一个重要的道理："你不可能用辩论击败无知的人。"

所以，我告诫我的学生，普天之下，只有一个办法可以从争论中获得好处——那就是避免它。避开它，像避响尾蛇一般！十有八九，争论的结果总使争执的双方更坚信自己绝对正确。不必要的争论，不仅会使你丧失朋友，还会浪费你大量的时间。

英国某机构曾调查了1万例争论。他们录制了社会各个阶层人士之间的争论，包括司机和乘客，丈夫与妻子之间，推销员和柜台服务员，甚至包括联合国的辩论。他们对收集的录音进行细致分析，最后无比惊讶地发现了一个问题：职业的辩论家，包括政治家和联合国代表，他们的意见被接受的成功率反而不如走街串巷进行游说的推销员成功。其原因就在于：专业辩论的目的在于找出对方的弱点进行驳斥进而达到推翻其意见的效

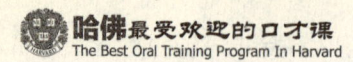

果,而与此相反的推销员的目的却是避免争论,他们只是尽力找出一个观点使对方能接受、赞同或改变主意。

只要我们仔细思考一下就会发现,喜欢争论的人往往对自己没有信心,希望通过争论的胜利来说明自己的水平,维护自己的尊严,这种想法本身就已经暴露了他们的低级自尊——企图压低别人来抬高自己,把别人驳得一无是处了,自己却洋洋自得了。

很多人意识不到,在争论中获胜了,却往往伤害了别人的自尊,根本交不到任何朋友。因此要想与人有良好的沟通,就要尽力避免争论。

第八讲 忠告亦应不逆耳

忠告,对于帮助他人和建立真诚的人际关系,起着难以替代的重要作用。反过来讲,不能给予他人忠告的人不是真诚的人,这种人不会将自己的真实感受告诉对方。因此,我们应该欢迎别人给予忠告,更应该给别人以忠告。

然而,"忠言逆耳",在生活中常见这样的情景,本来你是好意给对方提出忠告,对方却往往很不高兴。究其原因,就在于一般人容易受感情支配,即使内心有理性的认识,但仍易受反感情绪的影响而难以听进去。

例如,好朋友不听你的忠告,选了一个拍一送一的婚纱照"优惠套餐",拍完之后才直呼上当受骗;年轻气盛的妹妹不顾你的忠告,毅然和前男友复合,与其现任女友一起,形成"三角"关系,最后狼狈退出;尽管你苦苦相劝,关系最密切的那个同事还是选择了突然离职,在一个新的领域自己创业,结果,亏损一年多,事业仍不见起色……其实,你不是没提出过忠告,只是并未被对方接受。

看来，仅有为别人着想的良好愿望还不行，还需要掌握一些基本的沟通技巧，你的忠告才会变得顺耳，别人也才会接受采纳。

1. 最好在私下进行

美国的罗宾森教授曾说："人有时会很自然地改变自己的看法，但是如果有人当众说他错了，他会恼火，更加固执己见，甚至会全心全意地去维护自己的看法。这不是那种看法本身多么珍贵，而是他的自尊心受到了威胁。"

这就告诉我们，在什么场合提出忠告十分重要。原则上讲，提出忠告时，最好以一对一，避开耳目，千万不要当着他人的面向别人提出忠告。因为提出忠告的时候必然涉及对方的短处，而每个人都有自尊心，被当众揭短时，情面上很容易下不了台，从而产生抵触情绪。在这种情况下，即使你是善意的，对方也会认为你是在故意让他（她）当众出洋相。

所以，向别人提出忠告时，最好在私下进行，这样不仅有利于维护对方的自尊，不至于使对方陷入被动和难堪，也有利于营造一个相对宽松融洽的沟通氛围，从而有利于使你的忠告被采纳。而且，即使你的忠告不正确，也不会有损自己在公众心目中的形象。

2. 选择适当的时机

在对方感情冲动的时候不适合提出忠告。因为对方在冲动状态下，理智起不到半点作用，他（她）也判断不清你的用意。这时提出忠告，不仅不能解决问题，反而会火上浇油。因此，明智的做法是，等对方冷静下来再说。

另外，当对方很忙的时候，未必有耐心随时倾听你的忠告——尽管它们极具建设性。所以，你应当尽量选择在对方有空的时候去"进谏"，这样对方才会更容易接受你的忠告。如果不知道对方何时有空，不妨先给他（她）写张纸条，然后请他（她）安排时间。

总之，当向别人提出忠告时，你切记不要过于自作主张而忽视了对方周围的人际环境以及时间安排。否则，对方必定会认准你是个麻烦制造者，从而不会接受你的忠告。

3. 先听对方的意见

在向别人提出忠告时，切忌不问青红皂白，便横加责难或一味强求，这样做常常会让对方感觉压抑，容易产生辩驳的欲望，也可能使你们的沟通进入僵持阶段。

所以，应该先聆听对方的意见，弄清整件事情的来龙去脉，然后再以"如果我处于你的位置……"、"假如我是您……"这类话作为开头语，进而再提出自己的忠告。这就使对方感到你体谅他（她），确实在为他（她）着想，他（她）自然就会考虑接纳你的忠告。

如果你的忠告最终也没被采纳，不要因此变得愤怒或尖刻，要知道，你的目的是让对方妥善处理问题，而不是只听你一个人的指挥。

4. 忠告内容应简洁

人们大都对拖沓冗长的忠告感到不耐烦。因此，你所提出的忠告内容要简洁而突出重点。

如果你能在1分钟内说完你的忠告，对方就会觉得很愉快，而且如果觉得"有理"，也比较容易接受。即使对方不赞同你的忠告，你也不会浪费他（她）太多的时间。

如果想再具体界定一下的话，那么最好将你的语速保持在每分钟300个字的标准，比这个标准低就显得过于缓慢。

倘若你在提出忠告的时候啰里啰嗦，长篇大论，或先翻"旧账"，再予以责备，恐怕还未等你说到重点时，对方已经心生反感，不愿再听了。

5. 列举对方的优点

在提出忠告的时候不要把对方指责得一无是处，否则很容易引起对方的逆反心理——"既然我已经这样了，那就干脆一错到底。"最后反而不如不提忠告。

明智的做法是：可以多列举对方的一些优点，比如，你可以这样说："你平时工作努力，表现积极，惟一的缺点就是想问题的时候草率了一点。如果你思考问题再慎重些，就很有前途了。"用这种口气跟对方说话，对方会备受鼓舞，很容易接受你的忠告。

第07辑
安东尼·塞奇教授讲"辩论的技巧"

哈佛大学每隔两年就要举行一场全校辩论赛，由各学院轮流主持。在辩论赛上，会涌现出不少口才上佳的学生。这与哈佛学子积极训练，注重实践，提高自我辩论水平和能力是分不开的。安东尼·塞奇教授看来，论辩的特点决定了论辩的训练内容。只要我们多在表达流畅、语言纯正、思路敏捷、即席发挥等几个方面下工夫，论辩能力自然会有很大的提高。

◆

安东尼·塞奇，麦克考法和肯尼迪学院的教授，是哈佛大学口才和学识俱佳的教授之一。在哈佛主讲国际事务学。牛津大学毕业后受聘于美国哈佛大学政府系，曾出任美国前总统克林顿竞选演说顾问，后来成为克林顿政府总统事务发言人。

第一讲　如何为辩论做准备

哈佛大学每隔两年就要举行一场全校辩论赛,在比赛之前辩手会干什么呢?告诉你,他们在为辩论做准备。或许有人会说,作为辩论会的辩手,口才一定已经相当了得,否则,怎么去参加辩论赛呢?

殊不知,辩论准备阶段对于整场辩论来说起着决定性的作用,只有准备的充分,才能在辩论场上抢占先机,高对方一筹。因此,在辩论之前一定要做好充分的准备工作。

辩论赛中的辩题是不会对一方特别有利,而对另一方特别不利的。一般辩题都要考虑到辩论双方的原始均衡,和双方基本上的平等。只是由于双方对辩题的解释与分析角度不同,或许才会造成从一开始就注定了辩论的成败。辩论中破题的好坏,直接关系甚至决定一场比赛的成败。不利的一方可以通过破题化不利为有利。在均衡的情况下,一方也可通过巧妙的破题占据优势。

那么,要破好题,第一步做的自然就是分析辩题,而分析辩题主旨就是辨清题意,找出分歧。辨清题意就是把握住辩题的含义,要把辩题中概念的内涵与外延都搞清楚,同时还要了解辩题提出的背景,因为辩题提出的背景正是其所使用的概念的语境,它直接影响这些概念的内涵与外延。比如"贸易保护主义可以抑制"这个辩题,贸易保护主义的产生、发展、变化及抑制的可能性就有种种历史背景和社会背景,不了解这些背景情况,也就不可能准确全面地把握"贸易保护主义"这一概念的含义,也就无法确定对"可以抑制"是持肯定态度还是否定态度。所以了解背景有助于更好地理解题意，辨清题意才能分析它的共识点和争论点，然后才能准确地找到分歧，形成自己的论点。

虽然论点形成后，已经掌握了一定的论据，但为了能更好地论证己方的论点，在辩论中能应付自如，得心应手，还须搜集充分的论据，来作为论据的事实、理论材料或比喻、类比材料。材料是证明命题、构成辩辞的依据，没有材料，命题就成为无源之水，无本之木，辩辞也就言之无物，怎能令人信服呢？

取材范围应尽可能广泛一些，宁可想到而不用，勿使有用而忽略。否则在构思辩辞时会感到捉襟见肘。凡是有助于对辩题内容做全面、深入了解的资料，以及能增强命题论证说服力的证据，均应广为搜集，以备临场之用。

搜集论据可以从必需、真实、典型、新颖四个方面着手。

（1）必需：是指论证己方论点或反驳对方论点必不可少的论据材料。它是与己方论点相关的论据，即由此必然能推导出己方论点的论据，或由此必然能推倒对方论点的论据。

（2）真实：真实是论据的生命，只有真实可靠的论据才能证实己方论点的正确。无论是事实论据还是理论论据，都要鉴别真伪，核实无误。论据如果失真，则很有可能反为对方所用，这种利害关系不言自明。

（3）典型：论据能否有力地论证论点，关键在于是否典型。所谓典型的论据，是具有代表性的反映事物本质的论据。这样的论据说服力很强。

（4）新颖：新颖的论据令人耳目一新，能吸引人，能收到出奇制胜之效。因此选用新颖的论据，在论证中肯定起到事半功倍的效果。

确定方略是论辩较为关键的一环，主要是安排攻守策略。攻就是确定论证己方论点的方法与途径，反驳对方论点的方法与途径。守就是确定抵御对方批驳的方法与任务途径。要确定攻守策略，必须做到知己知彼。一方面要充分估计己方论点是否正确，论据是否充实可靠，论证是否充分严密，防守与进攻的方法是否得当，整体配合是否紧密，与辩题有关的资料准备是否充分，运用这些材料时能否做到随机应变等，这是"知己"。

另一方面，要充分了解对方，不仅了解他们的辩论观点与策略，甚至对方的个人条件，诸如心理素质、知识素养、兴趣爱好、生活经历、优缺点以及他们整体配合中的强弱环节等，都应了如指掌，这是"知彼"。做到知己知彼，方可以己之长，攻人之短。这样确定谋略，可望百战不殆。

分析好辩题，确立谋略后，最好进行一次临战演习，实地模拟即将展开的辩论。演习，是对实际论辩的模拟，是论辩前知己知彼的一条重要途径。通过演习，可以充分暴露出自己在准备工作中的漏洞，可以比较出哪一种方法和技巧更适合于即将到来的论辩，从而可以进一步修正和完善自己的论辩方案，使之更充分，更有针对性。同时，演习也是对论辩者临场实辩的锻炼。因此，可以说演习本身既是论辩前准备工作的一部分，又是对以前准备工作的一次全面检查。在演习中，检查一下已确定的谋略是否切实可行，是否还有漏洞，是否还需修订或补充，以便进一步完善这些谋略。演习可以锻炼辩者，提高其参辩的自觉性，强化临场适应能力。更为重要的是在演练中发现问题，解决问题。因而临战演习不失为检验并完善辩论之前准备工作的一种好方法。

第二讲　哈佛学生这样去辩论

在全美大学生辩论会上，我们每次都能发现哈佛学生的身影，他们的超级口才和不错的成绩不仅为电视节目提高了收视率，也为哈佛大学赢得了荣誉。带领哈佛学生参加全美大学生辩论会的是卡麦斯教授，也是哈佛辩手的教练。我研究了哈佛辩手的特点后得出：哈佛学生之所以能在辩论赛中有好的表现，因为他们有自己的特点，或者说是一些技巧让他们赢了对手。具体表现在：

1．抢占先机

辩论场上谁掌握了主动权，谁就有了取胜的保证。为了掌握主动权，哈佛学生除了充分利用主动权抢旗帜以夺人心以外，首先在程序发言中力求稳扎稳打，尽量讲一些四平八稳、留有余地的话，不给对方留下可乘之机。

其次在自由辩论中拣对方最薄弱的环节先攻，力求先声夺人。取得优势后，乘胜进入下一回合，积小胜为大胜；陷入劣势时，及时转入对本方有利的阵地，实施反攻；处于胶着状态时不纠缠，不硬拼，跃出来拉向一个更高的层次。从而给评委和观众一个鲜明的感觉——是我牢牢掌握了主动权，新的话头总由我挑起，我挑到哪里，对方就跟到哪里，全场牵着对方的鼻子走。

最后不给对方"空子"钻。一些有威力、出效果，却又容易让对方钻空子的话，哈佛学生将其放在自由辩论对方时间已经用完的时候讲，或是安排在正方四辩的程序发言当中讲，因为这时对方已经没有发言的机会，不可能再来钻空子了。

2．穷追猛打

穷追猛打，是哈佛学生在辩论中占有先机时惯常采用的方法，其关键招式就是有答必有问。要是没有经过专门训练、不够老练的队员，在自由辩论中往往不能处理好答与问的关系：或是只答不问，被对方牵着鼻子走，既先用完了自己的时间，又缺乏对对方的攻击力；或是只问不答，让评委和观众感到明显是在回避对方的问题，导致最终的失败。有答必问，即以机智的答辞反驳对方观点从而赢得全场掌声时，立即"反问"，令对方无任何喘息机会，对手最终在哈佛学生的穷追猛打下，败下阵来。

3．攻其矛盾

哈佛学生了解到，对方的矛盾一般分为三类。

首先是对方的论点论据与客观事实发生了矛盾。这时应当及时运用可靠的事实材料，指出对方的观点有漏洞，材料不真实。

1992年哈佛大学队在同耶鲁大学队的比赛中，当耶鲁大学队提到全世界军费开支连年增加，1945 年以来每天有 12 场战争在进行的时候，哈佛大学队立即援引斯德哥尔摩国际和平研究所具有权威性的调查报告，强调 1988 年全世界军事费用降低了 2%，强调 20 世纪 60 年代总共爆发了约 30 次战争，而 80 年代总共只爆发了不到 10 次，以此说明战争缓和的趋势。

其次是对方不同辩手的言论相互发生了矛盾。这时应当马上挑明对手自相矛盾、逻辑混乱。如哈佛大学队在同宾夕法尼亚大学队辩论时，对方一方面把"经济联盟"严格定义为最高形式的经济一体化，即各成员国相互取消关税，自由流动各种生产要素，统一货币，协调并统一外贸、财政、经济和社会政策，从而不承认世界上有任何经济联盟；另一方面又把欧共体之类的组织当做经济联盟来评论。哈佛大学队紧紧抓住对手的这一自相矛盾之处猛攻，终使对手阵脚大乱。

最后是对方的论述与他们应持的立场发生了矛盾。这时可以"真诚"地感谢对方帮助论证了本方的观点。

第三讲　确立自己的辩论点

辩论有个核心——推倒对方的论点，就是让别人的论点站不住脚。在辩论中，你的论点能不能驳倒对方是辩论胜出的关键。举个例子说，两个人辩论就像两军争夺一个阵地，谁能在阵地上插上自己的旗帜谁就赢。旗帜就是各自的论点，攻击的武器是语言。所以，一切口才的表达都是为论点服务。

要想确立自己的论点，一定要有针对性、明确性、科学性和创见性。

1．针对性

辩论是具有对立面的社会语言的互动，所以论点的提出，首先必须与对方的观点、主张针锋相对，要紧紧扣住争论的焦点，对方是正，我方必反，对方是反，我方必正。这就是论点的针对性。具有针对性，要求论点必须集中。

辩论是针对一定的辩题展开的，辩题总有一定的复杂性，不然，就不必辩论了。复杂的辩题都有各种矛盾，矛盾的各个方面，存在着内部的和外部的千丝万缕的联系，具有各种属性和规律。辩者提出论点不可能也不必要面面俱到，应该抓住主要矛盾和矛盾的主要方面，抓住本质和核心问题去确立论点，这样有利于集中论题，促使辩论更深入地展开。具备针对性，要求提出的论点，必须切中对方要害，这样才能集中力量，驳倒对方，使我方处于有利地位，最终摘取胜利的桂冠。

2．鲜明性

论点的鲜明性，是强化针对性的需要。因为要与对立方展开攻守，这就必须丁是丁卯是卯，来不得半点含糊，也不能闪烁其词。我们所说的鲜明性，是指提出论点必须做到：清楚明确，不含糊其辞，不产生歧义；论点中的概念、判断应始终保持统一；态度明朗，该肯定就肯定，该否定就否定，不模棱两可。

在日常生活中，我们不时遇到说这类话的人，他们赞成什么反对什么，肯定什么否定什么，连他们自己也不清楚，作为一般的议论，什么也没有议论清楚。如果是辩论，对方肯定不知其所云，怎么展开"辩论"呢？因此，论点的鲜明性是展开辩论必不可少的条件之一。

3．科学性

辩论是一种以辩明真理为最终目的的社会语言的互动，决不能凭着海阔天空的主观臆断去随意宣泄，因此辩论的论点必须是对客观事物的本质及其规律的正确、全面的反映和阐发。论点必须符合客观事物的本质和规律，切忌主观、片面、形而上学。要使论点具有科学性，最根本的在于辩者要树立科学的世界观和方法论，即辩证唯物主义和历史唯物主义。因为它是关于自然、社会、人类意识活动的本质与规律的最正确、最科学的概括和反映。只有掌握辩证唯物主义和历史唯物主义的立场、观点、方法，才能在辩论中提高分辨是非的能力，增强自觉性，减少盲目性，从而提出并坚持正确的论点。

科学性，首先表现为论点正确，即正确地反映客观事物的本质和规律。如果论点不正确，在辩论中就失去了取得胜利的基础。即使用尽技法，侥幸取胜，亦会造成不良影响，出现负效应。其次表现在知识运用和材料选取的准确上。如果是专业型辩题的辩论，这一点更为突出，不然，小则贻笑大方，大则将辩论引向歧途，甚至阻碍辩论的顺利进行。如果是专业型以外的其他类辩题的辩论，有关的生活知识、社会知识等也应力求准确，才能使辩论正常进行。再次表现在表述论点的语言上。语言要准确地恰如其分地将论点表述清楚，使论点不生歧义，一目了然。

4．创见性

创见性是指论点要新颖，有独创的见解，不人云亦云，不拘泥于前说，也不主观臆断，能提出新主张、新观点，解决新问题，表现出远见卓识。创见性，主要表现为提出新论点，即能提出别人没有提出过的见解和主张。当然，提出新论点，并不是臆想妄断、随意的标新立异，而必须是在继承前人正确观点的基础上，符合客观发展规律的创新。这种创新的论点，是符合客观规律与本质的真知灼见，它是对真理的发展，是人类认识的进步，是能够解决随着客观世界的发展而出现的新问题的观点。

客观世界不断发展变化，真理长河永无尽头。任何一种主张和见解，不论它曾闪烁过多么灿烂的光辉，它总是在一定客观条件下产生的，总不免带有一定的历史局限性。人类认识的发展，总是需要后人对前人已有的认识加以继承并不断创新去推动。在辩论中，作为探寻和宣传真理的论点，必须体现出人类认识的发展，要随着客观世界的发展而有所创新。

第四讲　辩手辩论自有技巧

我在研究哈佛辩手的时候,发现他们的聪明之处在于,使用很多辩论技巧。我总结了以下这些,可以供大家参考使用。

1. 诱其说"是"

日本明治时期的军事家大村益次郎是一位很善辩的人,甚至因此而养成了一种习惯。

有一次,邻人跟他寒暄:"您好,今天天气很热,是不是?"他不说"是",而是答道:"夏天本来就是热的。"假若他顺着问题答道"是的,的确很热",他就失去了自我防卫的态势,这已成为他惯常的思维模式。

在辩论中诱使对方说"是",即指在论辩的开头切勿涉及有争议的观点,而应顺应对方的思路,强调彼此有共同语言的一面,从对方的角度提出问题,诱使对方承认自己的立场,让对方连连说"是"。与此同时,一定要避免让对方说"不",慢慢就能将对方引入"陷阱"。

2. 预设埋伏

商人威尔斯向皮箱行订购3000只皮箱,取货时却说,皮箱内层有木材,不能算是皮箱,并向法院起诉,要求赔偿15%的损失。在威尔斯强词夺理、法官偏袒威尔斯的情况下,律师罗文锦出庭为被告辩护。

罗文锦取出一只金怀表问法官:"法官先生,这是什么表?"

法官说:"这是伦敦名牌金表。可是,这与本案没有关系。"

罗文锦坚持说与本案有关,并继续问:

"这是金表,事实上没有人怀疑。但是,请问内部机件都是黄金制的吗?"

法官知道中了"埋伏",只好哑口无言。

预设埋伏,既出其不意,攻其不备,又简洁明了,使对方无话可说,无辞可辩。

3.借题发挥

在论辩中受到攻击时,不直接从正面答辩,而是借助论敌提供的话题进行还击,从而改变论辩的局势。

1959年尼克松访苏,此前,美国国会通过了一项关于被奴役国家的决议,对前苏联和东欧的社会主义国家进行攻击。在尼克松与赫鲁晓夫会晤时,赫鲁晓夫对尼克松说:"这个决议臭极了,臭得像刚拉下的马粪,没有比马粪更臭的东西了!"赫鲁晓夫出言粗俗,欲使尼克松难堪。谁知尼克松回敬道:"我想主席先生大概搞错了,比马粪还要臭的东西是有的,那就是猪粪。"

4.釜底抽薪

的确,论辩时,论辩双方所持的论题,都是由一定的论据支持的,如果将论题的根据——论据抽掉,那么,论题这座大厦就会像釜底抽薪,其论点必然不攻自破。

5.以退为进

在论辩中,有时不急于以眼还眼、针锋相对地直言对抗,而是先承认对方的分析和指责是对的,让对方认为自己似乎同意了他论据的合理性,然后出其不意,或指出对方的矛盾,或说出事实的真相,或做出另外的分析,最终达到证明自己论点正确的目的。

6.顺水推舟

顺水推舟即顺着对方的思维逻辑推下去,最后得出一个荒谬的结论,以证明对方的观点站不住脚。

加拿大的前外交官切斯特·郎宁,1893年生于中国,当时他父亲是美国来华的传教士。小郎宁出生后喝的是中国奶妈的乳汁。后来他30岁时参加了议员竞选,遭到了反对派的攻击。反对派的逻辑是:"郎宁曾喝中国人的奶长大,身上一定有中国人的血统,因而不能参加加拿大竞选。"郎宁反击道:"你们中有没有人喝过加拿大牛奶呢?如果有,你们身上不是也有着加拿大牛的血统了吗？当然，你们可能喝过加拿大的人乳，又难免喝过一些加拿大的牛乳，你们岂不成了人牛血统的混血儿了？也许你们长大了，不仅靠喝，自然还得吃，吃鸡脯、吃牛排、吃羊腿……这样一来，你们的血统一定是很难认定了。"

7．逼其亮底

在论辩中，可以想办法逼对方把你想了解的东西尽快说出来，以便早点对付之。其办法之一是把话说到一半就故意停下来，然后让对方接下去说，如："这么说，你的意思是……"，"照您的说法，它的意思是……"。当你用这些半截子话去诱发对方时，对方十有八九会不假思索地把这句话按意思说完，这时，你就轻而易举地又多了一张"底牌"。

第五讲　让对手的诡辩不攻自破

在辩论中，诡辩是最难应付的一种论辩，但只要仔细审视推敲，就会发现其前提、推理、结论，都有着虚假的成分。而此时，你若能及时摆出事实，诡辩自然不攻自破。

《纽伦堡：1945年审判纳粹主要战犯实录》一书的作者艾雷·尼夫，曾参加纽伦堡国际军事法庭工作，他生动翔实地记录了纽伦堡国际军事法庭对希特勒第三帝国20名活着的纳粹党头目作为战犯审判的事实，其中对德军元帅、德国空军总司令戈林的审讯有下面一段记载：

当盟国检察当局开始审讯戈林时，他已经在证人席上呆了一个时期。第一个起诉人是美国方面的罗伯特·杰克逊，审讯开始不到10分钟，杰克逊就陷入了困境，他很快就被文件搞得晕头转向，而戈林则看出了每个问题后面的企图，他甚至用洪亮的声音表示愿意帮助杰克逊。在整个审讯中，戈林越来越主动，而杰克逊则越来越被动，他多次在法庭上出现失态的举动，怒气冲冲地摔耳机，有一次几乎要哭了，而戈林则仿佛仍然是第三帝国的元帅。在这个斗争回合里，戈林获胜了。他先在证人席上呆了一个星期，对审讯程序特点有所了解，也有所准备，同时，他熟悉盟国所缴获的全部文件，知道自己的弱点在什么地方。相比之下，杰克逊对文件没有准确的把握，同时主动权掌握得也不好，不仅没有发挥自己的能力，诱使证人陷入预先设好的圈套，反而允许他长时间地夸夸其谈。结果，原当以雄辩获胜的杰克逊反而败在了戈林的诡辩之下。

在下一个星期天，戈林故伎重演。在作证时，戈林坚持说，当50名英国皇家空军的战俘军官于1944年春被枪杀时，他正在休假。此事是对这位前帝国元帅最明确的战争罪行的指控之一，可是他声称，在他们被处死之前，他对此事一无所知。

但是，英国的起诉人戴维·马克思韦尔·法伊夫爵士对材料烂熟于心，他像审讯小偷似的套出了戈林的一个"口供"。戈林声称他是3月29日到达大本营的，这时越狱发生已有5天。法伊夫当即指出，枪杀飞行员是分批进行的，一直持续到4月13日，针锋相对，以事实戳穿谎言，接着他向戈林出示了文件。文件证明，德国空军作战部曾就此事告知他们的总司令戈林。以物证、事实进一步戳穿谎言。至此，戈林阵脚已乱，而法伊夫则不紧不忙，稳扎稳打，一步一步将其逼进了死胡同。

作为诡辩的老手，戈林对盟国掌握的材料又非常熟悉，不难想象，仅凭一般性审问是难以制服他的，但法伊夫则凭着对材料的高度熟悉，以戈林难以否认的文件和他自己口供的矛盾，用事实最后击败了戈林的诡辩。

那么，如何应付诡辩呢？重视辩论中的细节，并通晓细节之妙，往往可以迅速把握局面，克敌制胜。在辩论中以下细节值得注意。

（1）小心应对面无表情的对手，这类辩手以强手居多。

（2）辩论前绕着弯子来对你的私生活问个不停。你要注意，对方有掌握你弱点的企图，这可能是对方在寻找某个突破口。

（3）对方如果动不动就说"知道了"，你要小心对方可能无意听你说话。对策是，你把对方看做"所知不多"的人，把你的论点说得更详细、更动听，这叫"以柔克刚"。

（4）如果一见面时，对方态度不恭谨，举止粗野，表示对方可能心有不安，或有理亏之处，也可能是故意做出这种举动来扰乱你的心绪。所以，你务必要冷静以对，切莫心有怒气，上了对方的当。

（5）对方说出狂妄的话，甚至伤害你自尊的话，其用意是激怒你，使你失去理智的论辩能力。你不妨"超脱"一些，如心中暗暗数一下，对方一共用了多少句刺激性的话，轮到你说时，你可以把它揭示出来，千万别为那些话而冲动。

（6）如果对方突然把论点岔开，你要立即分析其情况：一是一时不慎；二是突然联想起另一件事；三是有意把论点扭到另一个方向。

不管哪一种情况，只要对方当时的注意力都集中在岔开的话题上，就可以让他说下去。过了一段时间，你可根据下面的方法判明他的用意。如果是第一种情况，对方说不了多久，就会自己发觉而显出尴尬之情；如果是第二种情况，对方只是一时离开原来论点，很快就会自动回到原先的论点上；如果是第三种情况，对方会朝着岔开方向说下去，毫无"回心转意"的迹象。你可以据此推断，岔开的论点对他较为有利，而原来的论点对他不利，从而你可以做出相应的对策。

（7）如果对方在论辩中出现"若有所思"的样子，你不妨直问他"所思何事"，以探知他当时的心理。

（8）对方若说些含义暧昧的话，你要敏锐地捕捉住，反复追究，以探出其真意。

（9）对方出语如连炮，不曾稍歇，用意可能是不让你多说，想一鼓作气占尽优势。特别有些"恶人先告状"的人，最善于以这一手先声夺人。你不妨冷静听他说，等他说完之后，你再开口问："你说完了吗？你说完了就该我说了，希望你不要中途打断我。"

（10）在论辩途中，你有时不明对方的用意，可以采取"投影法"，即突然停止你的话，然后让对方接下去说。如"如此说来，这个论点是……"，"照你的说法，它的意思是……"。用这种语句不全的话去诱发对方，让对方把话说完，你就可以进一步了解对方的想法，掌握对方的"底牌"。

第六讲　哈佛的辩才是练出来的

提高辩论才能的训练对每个人来说是十分必要的，下面就介绍一些哈佛大学辩论的训练方法，只要依照这些方法坚持训练，相信不用多长时间，辩论的能力就会有所提高。

1. 必须注重实践性训练

积极训练，注重实践，是提高自我辩论水平和能力的有效途径。论辩的特点，决定了论辩的训练内容。只要多在表达流畅、语言纯正、思路敏捷、即席发挥等几个方面下功夫，论辩能力自然会有很大的提高。

（1）日常诵读训练。诵读训练法主要是训练辩手的语言、语调、语气等基本功。所选的诵读材料一般以议论文为主，也可用散文、诗歌等较易发挥感情的材料。

（2）限时表达训练。日常中可以让两个人互相问答，提问只能用一句话，回答也只能用一句话，互相问答不能超过一定的时间。这其实也是一种自由论辩的模拟训练，只是省却了双方的陈述。一旦在规定的时间没有表达完整，就可以让自己悟到自己语言的缺陷，同时也给予了积极的锻炼。

（3）提炼主题训练。提炼主题法主要是为了应对以下情况：论辩要求辩手有不同一般的悟性，即在极短的时间内对对方的语言做出归纳、判断,同时也组织反攻。由于这一系列的过程牵涉到逻辑、反应能力,但不可否认如何将对方主题归谬抓漏,再正确表达己方观点也是表达的任务。

(4)即兴演讲训练。实践证明,即兴演讲在各种论辩训练中最具有挑战性,所以,它能锻炼辩手在短时间内语言的组织、表达以及仪态等各方面的能力。所以,在这里有必要进一步强调这种演讲对于提高辩论口才的实际作用。

2. 学会自我心理控制

从心理倾向的作用来看,正面的积极心态能产生推动和支持作用,提供有效的心理环境,激发人们的战斗精神,提高思维和表达的效率、准确性、生动性,使谋略、行为和语言得到正常甚至超常发挥;而负面的消极心态则有害于辩论,制约辩手的正常语言表达,干扰正常的思路和精神状态。因此,对于一个辩手来说,应善于抑制消极心理,发挥积极心理,为辩论创造最佳心理状态。这就要求我们有必要学会自我心理控制。以下就是几个有效的途径。

(1)淡化胜负。淡化胜负,就是说自己的注意力不必死死盯住结果,应更多地关注辩论过程,把目标引到辩论本身,把辩论当成学习过程。这样一来,心理状态就会发生变化,精神负担就会大大减轻,有助于抵制失败主义倾向蔓延,焕发起再战的信心,进而有出色发挥,战胜对手,赢得观众,赢得辩论。

因此,面对困境时,不妨把结果加以淡化处理,不要当成过重负担背起来。要有"输要输得起,好戏还在后头"的智者心态。

(2)使命激励。也就是说,利用自己肩负的崇高使命说服自己振奋起来不辱使命,以实现自我心理激励。辩手要在心里这样告诫自己:这次辩论自己肩负重任,这是一次难得的自我表现的机会,要出色发挥,争取荣誉。

实践证明,用大方向、大目标、重大使命感召自己,就会扫除杂念,获得一种动力,为出色完成光荣使命而奋斗。

(3)自信最强。坚信自己是最强最好的辩手,也是一个很有效的途径。当然，这种自信是建立在实际努力基础上，而不是盲目的。也就是说，自信最强并不是妄自尊大、傲慢轻敌。正可谓"在战略上藐视敌人，在战术上重视敌人"。

这就要求对自己的能力估价要充分，对自己辩前所做的准备要认可，对自己拥有的有利因素和优势要看重，有意识"贬低"对手等，这样才可能从这些"强点"出发，形成潜在的心理优势，从内心感到自己的确是最强的辩手，是最有希望获得成功的。如此就会建立起必胜的信念，将心理状态调节到最佳程度。

3. 加强常规思维训练

要加强常规思维训练，一方面要有意识地在日常生活、工作中培养科学的思维习惯，磨砺思维的利剑，展开想象的翅膀；另一方面还要采取有效方法，有针对性地进行系统训练，从总体上提高自己的思维水平和想象能力。

常规思维是基本思维方式，主要有以下两种：

一是逻辑思维，包括形式逻辑和辩证逻辑。形式逻辑是研究思维形式和规律的科学，包括概念、判断、推理、论证反驳，以及科学思维规律和应遵循的规则等。辩证逻辑则是用对立统一方法解释思维现象，着重从思维内容上用联系的发展的观点说明思维规律，揭示思维形式，再现客观对象的多样性统一、普遍的联系和发展的过程。辩证思维是一种动态的、全面的、整体的思维方式。它有助于人们在动态中，从多个角度去认识事物，从事物的现象深入到事物的本质。而形式逻辑是静态的研究，注重思维的形式方面。辩证逻辑则注重思维的内容，是动态的研究。

二是形象思维，即对事物的形象化的思维方式。它通常是借助于想象、联想来实现的。所谓想象是人脑对已有表象进行加工改造，从而创造出新形象的心理过程。想象是一切创造性活动的原动力。

实践中，可以从以下几个方面进行常规思维训练：

（1）分析综合能力训练。分析综合能力是最重要的思维手段，是人们驾驭辩论过程的关键性要素。辩论中确定本方立论的逻辑起点，捕捉并概括对方立论的要点，以及入木三分的见解和精辟的推理论证，通常都是在分析综合的基础上形成的。"一言以蔽之"正是这种思维能力的语言表现。

（2）形象概括能力训练。对事物本质特征的概括，既可以用理性方式，又可以用形象方式，比较而言后者更形象直观，便于认识理解。为此，可以将抽象思维与形象思维相结合，将理性认识通过描摹、比喻、拟人、形象化等手段，生动鲜明地表达出来，从而使抽象内容变成具体而可感知的形象化内容。

如针对有些人对人要求过高、近乎苛求的问题，不明言批评，而是讲一个故事给予暗示。如当年英国首相丘吉尔讲过的故事：有个水手在港口冒着生命危险救起一个孩子。几天后，孩子的母亲找到这个水手，十分不满意地说："太不像话了，我孩子的帽子呢？"故事说完，说者的观点已不言自明，针对性很强，很有说服力。

（3）拓展思路训练。思路即思考问题的线索、路径。思路越宽、越灵活，辩论思维就会越广阔、越出新。在拓展思路训练时，可针对某一问题，展开想象、联想、多角度、多方位地思索答案，多设想几种可能，甚至把不可能作为可能进行思索，以此来培养思维的广阔性和灵活性。

如我们写作一篇演讲稿，在收集材料的基础上，对于主题的确定、层次结构的安排要多设想几种思路，然后比较优劣，择优而用之。如此长期坚持拓展思路练习，就可以使自己思考问题的思路更多变、更灵活。

4. 在动态语境中进行口语表达训练

在动态语境中，因受外界信息的激励，人们的思维活动将获得更广阔的空间，思维状态亦呈现出跳跃性、灵活性和机变性的特点，往往思路更新颖、更出奇，更具创造性，甚至会突发奇想，闪现出许多在静思状态下不可能出现的思想火花和语言风采。因此，在动态思维支配下的语言表达会更精彩、生动，富有感染力。

（1）通过交谈练思维、练口才。交谈是人们交流思想感情的过程。动态思维通常存在于交际过程中，在与交际对象进行语言交流或交锋时显得最为活跃。其中，以信息交流为宗旨的交谈是一种简便有效且随时可用的练思维、练口才的方法，值得重视。

在这个过程中，人们的思维机器处于全面运作状态，在思维引导、支配下，双方不断发出信息，又不断接受来自对方的信息，实现信息交流和沟通。特别是在富有成果的交谈中，人们必然精神振奋，心理活动频繁，联想、想象丰富，思维的各种功能都将得到更出色地发挥，甚至在对方提供的新信息刺激下，沉睡在自己记忆角落中的材料也被激活，被唤醒，被调动起来，从而使思路拓展开来，呈现出前所未有的创造性。所以，动态的口语承接、应对过程中可以使人们的思想得到磨砺，思维能力得到发展，从而也使自己的口才得到磨炼。

（2）在对话中练思维、练口才。对话是一种双向的语言交流，需要彼此积极而及时的反馈，这对于答问方的锻炼、提高是不言而喻的。特别是观点不一致的对话活动，自己要以最快的速度捕捉对方的话意的内核，甚至听到对方的上半句话就能猜出他的下半句，为自己的思索、应对争取到几秒钟的时间。利用这个时间差，进行快速思索和构思，在几秒钟内构思出一段应对讲话。

实践中，如果能够长期坚持这么做，对于训练自己的快速思维和机敏口才大有裨益。

5. 采取科学方法强化记忆

记忆是社会交往的必备能力之一。好的记忆力对于一个人来说，有如虎添翼的作用。因此，采取科学方法强化自己的记忆能力，对于提高辩论口才无疑是十分必要的。实践中，具体的记忆方法有上百种，从辩论的需要看，以下几种较为有效。

（1）限时记忆法。限时记忆法，就是对重要内容，在一段时间内采取死记硬背方法强化记忆，在脑海里留下痕迹。比如在20分钟内不停地反复地背诵，所记内容可以几天不忘。对于一些诗词、名人名言或辩词，可以采取这种记忆方法。此外，还可以抓住辩论之前的有限时间进行突击记忆，在战前高昂情绪的刺激下，大脑记忆功能会发挥得极好，记忆力可能倍增，效果也较好。

（2）最佳记忆期法。利用最佳记忆期进行科学记忆，能达到事半功倍的记忆效果。起床后 2~4 小时，入睡前 1~2 小时，上午 8~10 点，下午 6~8 点，是一天中人脑几个最佳记忆期。这已经被相关的科学研究所证明。当然，每个人的最佳记忆期可能有所不同，自己应进行实践总结。

（3）兴趣记忆法。兴趣是认识和了解一个新事物的有效前提，因此，要有意识培养自己对新知识、新词汇、新观点，特别是自己陌生或反感但是有用的内容的亲切感和兴趣，克服拒绝心理。这样学习、记忆起来就有积极性，有内在动力，就会利用一切机会去亲近，熟悉，理解，在不知不觉中记住这些内容。

（4）头尾记忆法。这种方法就是利用了开头和结尾两段的记忆效率最高的特点。因为记忆痕迹会互相抑制的缘故，先有的记忆痕迹会抑制后进的记忆，这种现象叫前摄抑制；连续记忆相似的东西，就会发生后进的记忆抑制原有记忆的现象，这叫逆向抑制。所以，最初的和最后的记忆会比中间的记忆印象深而持久。

掌握这个规律，我们就可以视辩论的需要，采取从头记忆法、从中记忆法，从尾记忆法或交互运用进行记忆。

（5）网络记忆法。这种方法是相对于很多知识在零散状态下不便记忆的特点而言的。所以，如果找出了知识之间的内在联系，把它们条理化，像用线把珍珠穿起来一样，就好记多了。

因此，应学会自觉进行记忆的归类、编目的工作，对输入的大量信息进行系统化的加工，使信息纳入已有的记忆网络，或组成新的网络，形成无数信息的链。这样就可以使自己思路清晰，记忆清楚有序，从而促使自己的辩论口才达到无敌状态。

第08辑
尼尔·鲁登斯坦教授讲"上下两级沟通的技巧"

很多时候,上下两级的沟通状况决定一个团队的信息以及情感交流的水平。而高水平的沟通往往又是上下两级口才所决定的。那么,下属如何说,上司才会认同?上司如何说,下属才会听从?尼尔·鲁登斯坦教授将上下两级的沟通看成是团队"最高级的沟通",并给这样的最高级的沟通提出了自己的见解。下面所陈述的,也只是其见解的一部分,但这足够让我们学到哈佛在这方面的沟通技巧了。

尼尔·鲁登斯坦,犹太裔,1991—2001年间任哈佛校长,也曾因不堪工作重负而在1994年告假。在任校长期间,凭借着其卓越的口才,拉来了将近133亿英镑的私人投资,让哈佛成为当时世界上最富有的大学。

第一讲　先听上司说了什么你再说

在日常生活中，我们都是通过与他人的谈话来获取信息，并使处理事情的行为更有秩序、更有效率，更能够在这个充满合作的世界中发挥出更大的作用。你可以深入地想一想，你所有的影响力、号召力、凝聚力是不是都因为别人接受你才具有的？不掌握说话和做事的艺术又岂能轻而易举地让他人接受自己？

那么，在职场上，怎样说话才容易让上司接受呢？

一个小孩对他爸爸提出了一个非常困难的问题："爸爸，我是谁？我的身体里面是什么？"

这个问题的确很难回答，于是，他的爸爸不得不换一种方式来解答这个问题："你去树上摘一个果子来。"

孩子跑过去，从树上摘下一个小果子。

父亲问："它是什么？"

孩子说："是果子。"

父亲说："把它切开，看看它里面是什么？"

用力切开后，孩子说："有很多小种子。"

父亲说："选出一粒种子，把它切开，再看看它里面是什么？"

孩子说："什么也没有。"

父亲说："这棵大树就是从这个'没有'里长出来的。你也一样。"

那个男孩开始思考这个问题。几天以后，他又来找父亲，他问："'没

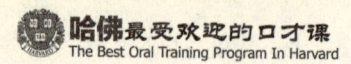

有'是怎么和大树混在一起的呢?"

这个孩子太聪明了,父亲不想骗他,但是这样深奥的问题怎样回答呢?

父亲想了想,说道:"你去拿一杯水来。"

孩子拿了一杯水。

父亲又说:"你去拿一点糖来。"

孩子拿来糖,然后父亲说:"把它们放在一起。"

糖在水里溶化了,父亲说:"现在,你能把糖和水分开吗?"

孩子说:"不能。我连糖跑到哪儿去了都不知道,怎么能把它们分开呢?"

父亲说:"你试试看。"

孩子往水里看,但是他看不到糖,因为它已经溶化了,孩子摇了摇头。

然后父亲说:"你尝一尝。"

孩子尝一口,它是甜的。

父亲说:"就像这样。你也许不能决定什么是有,什么是无;它们彼此交融,就像水和糖一样。你可以尝一尝,然后你就能知道水里面有糖。"

这位父亲面对他有些懵懂的儿子的提问,用如此巧妙的话语将如此深奥的道理浅显地表达出来,使孩子能够清楚地理解其中所蕴含的道理。可以说是很会说话了。

任何人都需要说话的技巧,但这些技巧不是你一天就可以学会的。尤其是在职场中面对上司时,你的语言词不达意或离题万里,往往会引起上司的反感,他也会对你的本身能力有所怀疑,这样对你的前途将产生不良的影响。而一旦掌握了这些技巧,你就能够更充分地了解自己和他人,并且能够给予他人所需要的信息,也能获取和评价自己所需要的信息。

因此,在竞争激烈的职场上,面对能对你起决定作用的上司,掌握好说话的技巧就尤其重要了。

任何人讲话都希望听众专心致志,而听他人讲话时的三心二意或心不在焉,往往是造成沟通失败的重要原因。上司在工作中是你的领导,不管是出于他的本能意愿,还是出于你礼节性的常识,你都应该给他营造一个令他满意的讲话环境——做一个积极的倾听者。也就是说在上司讲话时,你要目光与他对视,适时地点头或回应他,让他感觉到你是在认真听他讲话。

准确接受信息的第一步是,关注讲话者,让对方陈述。此时你最重要的是专注地倾听,而不是假装注意。要把上司所讲的内容、感觉和深层意思都完整地立体地听进去——用你的眼睛、耳朵和心灵去听、去感知、去领悟。

准确地接受上司所发出的信息的关键是让上司有被尊重感,让他觉得他讲的内容很重要,很值得下属用心灵来关注其讲话的内容。

如果上司讲的内容引不起你的兴趣,致使你的注意力分散的话,你可以通过各种方式来改进自己集中注意力和关注对方陈述的能力。比如通过改善环境,调整心理、生理及言辞行动等方面去提高倾听的能力,从而准确地接受上司的信息,并让他从你这个听众身上获得满足感。

(1)创造合适的环境——避免噪音以及分散你注意力和影响交流效果的各种障碍。

(2)身体的参与——以轻松自然的坐姿、眼睛的频繁接触,面对讲话者,点头或适当地加以评论,以显示你一直都在跟随着谈话者的思路。身体轻轻地向后倾斜以表示你对讲话内容感兴趣,而不可交叉双臂翘着腿。只有如此,才有助于集中注意力,并鼓励讲话者给予你更多的富有成效的信息。因为他感觉到了他已吸引了你的注意力,就更愿意滔滔不绝地陈述,以显示出他给大家的建议和意图是何等重要,他的口才是何等高超。

要记住,你是为了理解去倾听,而不是为了评价去倾听。并且在倾听的过程中,最重要的是要善于发现上司的动机、个性、脾气,听出隐藏在

词汇后面的深层次含意。

集中注意力，专注于讲话者，是你全面准确地领悟上司信息的第一步，也是最重要的一步。

第二讲　从上司身上找切入点

有些上司常给下属造成一种冷若冰霜、拒人于千里之外的感觉。在这种不易被接近的上司面前，一般的下属总表现得茫然不知所措，即便有很好的建议也不知如何提出。孰不知盲目的东西总是被动的，而主动权则在于对事物的了如指掌。

向上司、决策者贡献自己好的建议与计划，是每个下属应尽的职责。然而，你在献计献策的时候，往往会遇到不受重视、不被采纳的苦恼。尤其是当一个经过自己潜心研究、周密思考，确信是一个非常合理、非常优秀的建议和计划被上司断然拒绝的时候，自己的苦恼会更强烈。

碰到这种"进而不纳"的情况，人们往往抱怨上司，说："要是能遇上一个知人善用、从谏如流的上司就好了。"这几乎成了所有下属一种传统的、固定的思维模式。他们之中很少有人愿意换一种思维方式来考虑"进而不纳"的问题。

应对这种上司并让他接受自己的好方法就是从他本身的特性上找切入点。人交流时，在大多数情况下总是喜欢运用抽象性语言。

抽象性的语言涉及的是那些能够激发想象的事物。其主要的相互关联的词汇有类推、想象、概要、假设、一般、绝对、符号、形象等，语言的类推法同时具备形象和想象的特点。人很少谈论自身观察到的事物，而多把想象征中的事物作为谈话的主要内容。比如：牛顿在看到一个熟透了红苹果从树上自然地掉下来的时候，他所要讨论的话题绝对是与地球的万有引力相关的，而很少去关心苹果的味道是否脆甜。

很多上司更多愿意谈及的往往是那些只存在于记忆中的、概念性的事物而非可以感知的事物、想法。

在与他人交谈的过程中，很多上司一般尽量避免使用与当前事物不相关的、琐碎的以及多余的话语。他们不会浪费口舌，虽然他们也明白某些多余的话也是必不可少的，却仍然极不情愿地陈述显而易见的道理，或者重复他们自己的某个观点，修饰他们曾经做过的解释和定义，因为他们猜想着自己明白的事别人也一定明白。

从上司的交流方式中，你能发现他们的特点主要是：其一，语言的表达爱使用"抽象性的"，很少谈及具体的事物，一般总是谈论一些"透过某种现象所看到的某个本质"；其二，他们爱谈论那些"记忆中的"、"概念性的事物"；其三，他们尽量避免使用与"当前事物不相关的、琐碎的及多余的话语"。

因此，作为下属，你在了解了上司的这种交流特点之后，在与他们沟通时，说话的方式就可要更具有针对性了。

德国皇帝威廉二世自己曾经亲手设计一艘军舰，他在设计书上写道："这是我积多年研究，经过长期思考和精细工作的结果。"他请国际上著名的造船家对此设计做出鉴定。

过了几周，造船家送回其设计图并写下了如下意见：

"陛下，你设计的这艘军舰是一座威力无比、坚固异常和十分美丽的军舰，称得上空前绝后。它能开出前所未有的高速度，它的武器将是世界最强的，它的桅杆将是世界最高的，它的大炮射程也将是世界最远的。您设计的舰内设备，将使舰长到水手的全部成员都感到舒适无比。您这艘辉煌的战舰，看来只有一个缺点：那就是只要它一下水，就会立即沉入海底，如同一只铅铸的鸭子一般。"

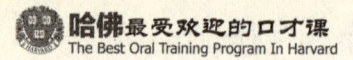

造船家这样说，德皇威廉二世当然也心悦诚服地接受了。

上司的思想和语言的形成，主要来源于演绎推理，而对于推断性的归纳法则被他们以怀疑的态度处理，并且极不情愿地采用。虽然你无法看到其演绎思维的过程（从一般到特殊、从整体到部分的推理过程），但却可以观察到他所运用的直观形式——语言。

一般来说，领导者的语言是极其严谨的。在他们看来，限定字词用法的定义是一个演绎推理过程，"用逻辑顺序语言以保持连贯性、选择多义词确定的意义也同样属于演绎推理"。

因此，你只有以连贯的语言，运用演绎推理的方法通过严谨的措辞，陈述你主张（比如加薪、升迁、认同、某种构想）的合理性，才有可能有效地得到上司的积极回应。

但你需要注意的是，上司对语言的定义异乎寻常的苛求，有时甚至达到了"吹毛求疵"的程度，因而总给人以"拘泥于琐事"的印象。所以，为了避免与上司在交流时出现用词不准确而造成的中断，作为其下属的你在沟通前就十分有必要花费一些时间翻阅辞典，甚至包括专业辞典——如人类学、箴言警句、语源学、法学、医学、哲学和心理学等，并在交谈中适当地引用一下，将会大大增加让上司认同的说服力。

作为下属，你在与上司交谈时，除了运用连贯严谨的语言进行逻辑推理外，修饰性语言在他们面前的使用亦要比较谨慎，以此避免顺序和范畴方面的错误。究其原因，是由上司的气质、人格特点所决定的，因为他们对自然科学所表现出的出色才能及兴趣（包括研究、精确的物理、化学、生物、机械的实验及数学表达等）决定了他们这种严谨的气质和人格特点，使他们一生都会从事并迷恋这个领域的研究——讨论其原理，甚至还十分乐意将这种原理应用到社会管理学中，应用到现实的工作、学习和生活中。

所以，为了充分取得上司的赞同，你在与他们交谈时也要尽可能地说出某些明确的词汇、信息，而不采用模糊的语言，以求达到客观清晰，便于他们接受。

在美国第 28 任总统伍德罗·威尔逊鞍前马后工作的许多人，都觉得他是"一扇老橡木做的门"，任何新鲜的意见都被毫无例外地拒之门外。威尔逊有才能，自负，所以对别人的意见往往瞧不起，要么不采纳，要么根本不予理睬。但是，有一个人是独一无二的例外，这个人就是他的助理豪斯。豪斯有什么绝招呢？

豪斯自己说，有一次，他被单独召见，他明知总统不容易接受别人的建议，但还是尽自己所能，清楚明了地陈述了一种政治方案。因为他苦心研究过，自认为相当切实可行，所以说得理直气壮。然而他没有得到与其他同事不同的命运，威尔逊当即表示："在我愿意听废话的时候，我会再次请你光临。"但是数天之后，在一次宴会上，豪斯很吃惊地听到威尔逊正在把他数天前的建议作为总统自己的见解公开发表！

这件事，使豪斯大彻大悟，懂得了向总统贡献意见的最好方法是：避免他人在场，悄悄把意见"移植"到总统的心中，开始使总统不知不觉地感到兴趣，然后使这计划可以作为总统自己的"天才构思"而公之于众。最后使总统坚定不移地相信是他本人想出了这个好主意。换句话说，不用再强调说某某计划是豪斯的主意，为了使一个好的计划被总统采纳，他得自愿牺牲"版权"，把"版权"让给总统，并且是悄悄地、神不知鬼不觉地转让。这样，他的计划就能顺利地被总统采纳。

例如，1914 年春季，豪斯奉命赴法国做外交上的接洽谈。出发前，威尔逊原则上同意了豪斯的计划，但态度相当谨慎，距离被正试批准还相当遥远。豪斯到巴黎后不久，寄回了他同法国外长的谈话记录，在谈话中，豪斯把自己想出的，经总统谨慎同意的计划，说成是"总统的创见"，并热烈赞扬说，这是"天才，勇气，先见之明"的表现。看了记录，威尔逊总统毫不犹豫地正式批准了这个计划，计划的实施，给两国带来巨大的利益，豪斯为自己实际发挥的作用由衷地高兴，同时威尔逊总统更加由衷地喜欢豪斯，对他更加倚重。但有一件事是永远心照不宣的：豪斯从来不表示某项计划是他想出来的。若干年后，豪斯说道："我不愿意称那些计划是我的，并不仅仅出于讨总统喜欢。我的计划充其量是棵树种，要长成参天大树必须有土壤、水分、空气和阳光。只有总统才有这些条件，把树种变成大树的，公平地说，是总统，我只不过把种子移到总统心中。"

在威尔逊执政期间，豪斯都采用这种简单而有效的"种子移植"的策略，然而他对威尔逊的影响，比当时成群的政治领袖加在一起都大。事后，人们方才窥见豪斯的秘诀，并称豪斯为"移山倒海"的大师。

后人开玩笑说，豪斯第一个发明了"思想试管婴儿"，威尔逊则是这次伟大试验的母体。

豪斯这种做事的技巧是不是值得借鉴？"进而不纳"是许多上司的习惯做法，其目的一是不愿显得自己弱智，二是有一种"我为什么要听你的"的心理作祟。上司不愿对下属言听计从，面对这样的上司，如果学会了豪斯的"种子移植"的策略，再进言献策时就会易如反掌了。

有句生意场上的名言叫"只争利不争气"，其实这话也适用于职场，从某种看似消极而实则明智的角度来说你可以这样想：我是来打工的，而不是和上司吹毛求疵对着干来的。在坚持原则的情况下，你只要尽自己最大的努力和理智与上司搞好关系，让自己的工作得以顺利开展也就完事大吉了，何必惹他厌烦？再说和上司整天别别扭扭，也太没有意思了。特别是与上司说话、做事时更不必争什么"你的我的"。他冷静，你顾全大局，大概也就可以相安无事了，可见，只要你掌握并适时运用这些技巧，再理智的上司也会对你另眼相看的。

第三讲　不要用语言"顶撞"上司

在工作中，和上司存在不同意见是在所难免，甚至发生一些激烈的辩论也是很正常的，但是你切不可"顶撞"你的上司，即使上司的决策是错的，即使你的意见百分百的正确，你也不能顶撞你的上司。在职场中，上司就是上司，上司的威严不可侵犯。顶撞上司，就是不给上司面子，侵犯上司的威严，这样做，就像拿一把刀刺向上司。

艾利克斯在一家广告公司工作。虽然他进入公司的时间不长，但是积极学习，很快就掌握了丰富的业务知识。因为经常提出具有独创意识的广告理念，多次受到上司的表扬。

一天早上，艾利克斯刚刚到公司，上司急匆匆地走过来问："昨天让你写的策划方案写好了吗？我呆会儿就要用。"艾利克斯十分惊讶："什么策划方案？你昨天什么时候要我做的？"

上司想了想，可能是自己记错了，于是就说："汤姆公司的那个策划方案，你知道的。现在你做一下，行吗？"

"天呀，我今天忙死了，哪有时间呀？"艾利克斯叫道。

当着全公司同事的面，艾利克斯这样拒绝上司，这一时让上司非常难堪，上司于是生气道："那就放下手头的工作，现在、立即、马上把这个方案做好，如果在下班之前看不到完整的方案，你明天就不要来上班了。"说完转身回办公室去。

面对上司的大声训斥，艾利克斯也很恼火，对着上司的背影大声说道：

"怎么可能一个上午就把方案写好，况且设计一个方案的创新理念是需要时间来思考的。简直是不可理喻！"艾利克斯在后面大嚷。

这时，上司转过身来说道："好吧，这个方案你不用做了，你现在就下班了。"上司说完啪得一声关上了办公室的门，留下艾利克斯站在那儿。

上司看到艾利克斯脾气不好，不久就找个理由辞退了他。

艾利克斯的错误就是顶撞上司，"顶撞"是一把刺向上司的刀——在下属面前伤了威信，上司自然不会留这样的员工。员工对上司的大发雷霆、出言不逊，这绝对是一种错误的做法。一旦你与上司顶撞，上司就认为你在心里不认同他，不把他当成上司，以后很难服从他，上司自然会把这样的员工请出公司。

詹鲁士的个人工作能力十分出众，可是他进惠普公司工作时间不长，就被主管解聘了。那么，问题究竟出在哪里呢？

他在觉得很没面子的情况下，一脚踢开主管的门，拍着桌子向上司约翰逊咆哮："凭什么解聘我？是我的能力差么？可是我认为我比我的同事出色多了！"

不等约翰逊解释，他又口沫横飞地喝问："是我没有创新意识吗？我们部门几项重要的创新措施，都是我最先提议的。难道你就瞎了眼吗？"怒气冲冲的詹鲁士两眼喷火，手指着约翰逊的鼻子恶声恶气地道："听着，你这样对我太不公平！"

"请你不要激动，听我稍做解释。"约翰冷静地回答，"请原谅我的坦白，我从未怀疑过你的能力，甚至你的能力是突出的，但遗憾的是你的脾气太暴躁了。你要明白，我们公司一直以形象良好、口碑极佳著称。而你总喜欢顶撞反对你的人！这样，周围的同事都很难和你相处，我们的企业是很重视员工的工作能力，可是我们也同样重视员工间的关系和谐。"

"可……这是我个人的私事,我想我的工作并没有受到影响。"詹鲁士争辩道。

"我并没有否认这一点,但问题是你已经是公司的一名员工了。"约翰耸耸肩,"实在抱歉,只能请你另谋他就!"

詹鲁士被辞退了,实际上这与他的工作能力毫无关系,关键问题出在他出言不逊,喜欢顶撞上司。在职场中,当我们和自己的上司存在不同声音的时候,我们应该认真而谦虚地听取意见,然后再想一个两全其美的办法。如果你不选择服从你的上司,只是一味和他顶撞,坚持己见,就算你再正确,也得不到老板的认可。

第四讲　一定要让下属心服口服

不知道靶子在何处的人永远当不了神枪手,不知道和下属打交道的人永远也成不了好上司。

有的上司时常感到困惑,自己不是不能说会道,而且可以说是很有表达能力,可为什么偏偏有些下属却不能接受自己呢?尤其是自己完全出于一片好心时,那种失望,那种困惑更是无法言表。

真正的症结出在哪儿呢?究其原因,这样的上司忽略了交流的对象是不同的。比如说,同样一个问题,开拓型的下属很容易接受,理智型的可能会反感,而完美型的则可能会不屑一顾。本来是同一个问题,却因受众不同而呈现"横看成岭侧成峰"的局面。其实这也不足为奇,关键是上司要把下属的类别把握准确,就不会出现那种"对牛弹琴"的现象了。

对于有些下属而言,任何煽动性的花言巧语都无法打动他,因为他注重的是理性的和逻辑推理的东西。作为上司,你只有从这方面找准切入点,才会达到事半功倍的交际效果。

澳大利亚一家建筑公司的经理要求其手下的设计师给某个贸易公司设计一个办公大厦的建筑模型,并希望这个大厦模型能够反映出该公司的形象。等模型设计出来以后大家一致推崇一个以旭日为主题的模型,因为它象征着希望和光明,同时旭日与日本的国徽相似,在日本市场一定会大受欢迎。

可是当经理看过之后说:"我不赞成这个设计模型。"

他手下的设计师一个个都瞪大眼睛,满脸疑惑地望着他。

"为什么?"大家异口同声地问道。

"其实这个建筑模型的设计是很不错,但是,我们的客户是一家贸易公司,所面临的市场除了第二大经济强国日本之外,他们准备今后将更多的人力、物力投入到新兴的正高速发展的中国市场中去。他们更希望在中国市场发展壮大起来,能成为一个名符其实的超级跨国公司。很显然,我们现在的这个建筑设计方案很难获得中国市场的认同,也难以表现贸易公司在中国市场中的形象。但现在谁都知道,中国市场才是今后国际贸易竞争的最主要战场。谁在中国市场占有发言权,也就意味着在未来五十年中谁拥有了国际上的发言权。所以从整体上考虑,这个设计方案有待商议。我们要让它树立起公司在中国的形象,占领中国的市场,依照公司的经营计划,扩展对华贸易,公司办公大厦的外观设计是一个关键性的问题,所以不能顾此失彼。"

设计人员几乎惊呆了:"是啊!我们怎么都没有想到这一点呢?"

像这位经理(上司)那样把问题的实质分析出来,再辅之以逻辑推理,从而让人心服口服。但是在现实生活中,仍然有不少的上司无法有效地驾驭下属，而仅凭权势压制下属，促使下属们口服心不服，反而给工作带来了极大的消极影响。那么，该如何驾驭下属呢？关键在于首先要了解、认识他们的特性，然后再依据其特性与其交流，使他们心悦诚服。

迈尔斯教授的研究结果表明，下属在与人交谈中，一般喜欢运用抽象性的语言，他们很少谈论那些自身观察到的事物，而更多地把想象中的事物作为谈资。在很多情形下，他们更愿意谈论那些只存在于记忆中的、概念性的事物而非可以感知的事物、想法。

所以，在你与下属的交谈过程中，要尽力避免使用与当前事物不相关的、琐碎的以及多余的话语，对于那些显而易见的道理，不要浪费过多的口舌去陈述它们，因为这些浅显之理对于他们来说早已明白，再与他们交谈只会让他们感到厌倦，甚至不快。与他们交谈时，如果你能用一种简明扼要的语言风格与其交流，则更会受到他们的欢迎。

如果你试图用那些情绪化的表达方式，或者使用那些具体而琐碎的语言，如人物、地址、具体数字、详尽的细节、引人入胜的场景、感人泪下的倾诉等，就很难打动他们的心。

并且，在交谈时，你还要把自己俨然打扮成一个这方面的专家。在用词造句时要极其严谨，尽量地多采用那些专业术语进行表达、陈述。任何一丁点的随意或不准确的陈述都有可能引来理智型下属们的百般挑剔，并有可能当众指出你的错误。此时再想去说服他们将是十分艰难的，因为在他们看来，你已经是一个外行了，不配有任何发言权。

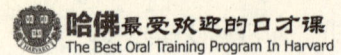

第五讲 冷静处理和下属的冲突

上司不被下属尊重是件很尴尬的事情，尤其是下属在大庭广众之下抗拒上司、反驳上司，让上司"下不来台"、"丢面子"。在这样的情况下，可以说你的下属根本就没有接受你。当然，不被下属接受所表现出的现象还有许多，如：下属不按你的要求行事；不尊重你的意志；看不起你的为人处世；对你提出的计划总是百般挑剔；做事消极怠工等。

不被下属所尊重，有时确实是因为上司的能力、水平低于下属所造成的，或者是因为上司制定的计划有问题才不被下属所执行。但有时聪明的下属会从上司的细微之处发现和推测出很多不良的习惯以及错误，继而导致他不接受上司的许多方面。

菲尔德房地产公司招聘了一批业务员，公司老板正在考虑怎样按考试成绩来安排这些业务员的位置，一位年轻人敲开了老板办公室的门，他自我介绍说："您好，老板，我就是今天考试成绩第一名的那个人。"

"我决定向你说一些你不喜欢听的话，但这些话可能对你很有帮助。"

"先看看你工作的办公室，地板脏得怕人，墙壁上全是灰土。你现在所用的打字机看来好像是洪水时代诺亚先生在方舟上所用过的。你的衣服既脏又破，你脸上的胡子也未刮干净，你的眼光告诉我你已经打败了。

"在我的想象中，在你家里，你太太和你的孩子穿得也不好，也许吃得也不好。你的太太一直忠诚地跟着你，但你的成就并不如她当初所希望的。在你们刚结婚时，她本以为你将来会有很大的成就。

"我一向都不准备接受任何一个失败的上司。因为，如果你接受了，你将会因为有成功的下属而失去进取心，而我不希望我的上司失败。

"现在我告诉你，你为何失败，那是因为你没有做出一项决定的能力。

"在你的一生中，你一直养成一种习惯：逃避责任，无法做出决定。结果，到了今天，即使你想做什么，也无法办得到了。"

老板呆坐在椅子上，下巴往后缩，他的眼睛因惊讶而膨胀，但他并不想对这些尖刻的指控进行答辩。

这位业务员道声再见，走了出去，随手把房门关上。但他再度把门打开，走了回来，带着微笑在那位吃惊的房地产老板面前坐下来，又说：

"我的批评也许伤害了你，但我倒是希望能够触怒你。现在让我以男人对男人的态度告诉你，我认为你很有智慧，而且我确信你有能力，但你不幸养成了一种令你失败的习惯。你可以再度站起来，我可以扶你一把，只要你愿意原谅我刚才所说过的那些话。

"你并不属于这个地方，在这个地方也不适合从事房地产生意。你赶快替自己找套新西装，即使向人借钱也要去买来，然后跟我到圣路易市去。我将介绍一个房地产商人和你认识，他可以给你一个赚大钱的机会，同时还可以教你有关这一行业的注意事项，你以后投资时可以运用。

"你愿意跟我来吗？"

那位房地产老板竟然抱头哭泣起来。最后，他努力地站了起来，和这位业务员握握手，感谢他的好意，并说他愿意接受他的劝告，但他要以自己的方式进行。

这位老板就是在细微末节上出了问题，而被下属用近乎尖刻的语言指出。如果你是一位上司，遇到类似的"尖刻"时该怎么办？这时，你首先要做的就是不要发火，并认真地想一想：你平时没引起注意的有失大雅的小节都有哪些？纵然没有人指出来，是不是已经被许多下属发现，只是没有当面指出罢了。

如果真的要下属心悦诚服地接受你，我的建议是，你必须认真做好以下的事。

1. 不要为了显示权威而与下属进行争吵

如果你头脑中存在着典型的"我要你看看谁是上司"的想法，你很快就会把部门闹得不可开交。设法将自己和下属的注意力集中在必须面对的问题上，这是客观环境要求的，而不是主管个人的怪念头。

2. 避免撒手不管的态度

如果你要下属认真地对待任务并严格地遵循指令，有时偶尔开个玩笑是可以的，但是要清楚并把握那些重要的事情。

3. 注意言辞

多数下属接受这样的事实：上司的工作就是传达命令和指令。所以由此引发的争吵可能与传达命令的方式有关。因此，传达命令时，你最好选择能清楚表达思想的言辞，并且注意说话的语调。

4. 不能假设下属已经理解

鼓励下属提问题，并且解释这些问题。通过重复或演示来巩固下属的理解。

5. 不要发出太多的命令

滥用指令你将会自食其果，所以对发出的命令你要有选择，语言还要简短，中肯。如果可能的话，最好是等到下属完成一项命令后，再发布另一个命令。

6. 为下属提供正面需要的材料

不同工作所要求的复杂程度有所不同，因而所需的材料也不尽相同。年纪稍长的下属认为是不必要的资料，可能正是新下属渴望得到的有利材料。

7. 防止指令不一致

检查一下，明确在你打算告诉下属一项指令时，临近部门的主管是否正在告诉他们另一项指令。另外，对提供的指令要杜绝自相矛盾，保持一致。

8. 不要只选择那些配合的下属

有些人天生就是适于合作的，另一些人则不是每次让他们做事都没有问题的。不要让情愿干的人超负荷而忽视难办事的人，以避免发生对抗。

9. 尽量不要批评人

通过让下属完成令他们不喜欢的工作来批评他们是最不应该的，也是他们最难以接受的。下属有权期望分配到合理的工作，即使你怨恨他们中的某个人。

10. 最重要的是不要玩火

新上任的主管有时爱炫耀自己的权威。而年龄大的主管则比较有信心，他们知道强制下属合作和尊重自己可能反过来会引火烧身。

11. 要善于倾听

必须注意以下几点：

（1）不要假设任何事情。不要猜测别人要对你说些什么，并且不要让员工认为你了解他要说的事情，即使你真的知道。

（2）不要打岔。让人把话说完，如果你很忙，要么限定时间要么另找时间，至少要保证你了解整个事情的过程。

（3）明白倾听的必要。弄清楚下属要你注意的真实用意，这时常与你所想的有很大的不同。

（4）不要反应太快。对听到的事情不要急于回答，避免仅仅因为事情没说清楚或用词不当而感到心烦。在了解别人的看法时，耐心将会使你受益匪浅。

第六讲　在下属面前要把握好表态的尺度

上司需要经常表态，表态对于下属来说，则可能是指示、要求，也可能是对某件事的决策或定论。然而，对有关下属利益的事在表态上要注意分寸，不要认为下属的利益都是无关紧要的小事。

上司的表态绝不可随心所欲。表态要有依据，即不做老好人，又不要怕得罪人，不论讲什么话、表什么态，都不能超越一定的原则限度，也不能无原则地去肯定或否定。否则，你只能在下属面前落得个"马大哈"式的不负责任的印象，招致下属的无端反感。

现实中有的上司遇到矛盾冲突和棘手的事，能推则推，需要他表态时，也是"紧睁眼、慢开口"，在合适的情况下，该表的态不表；在不合适的情况下，不该表的态却乱表，有时为了私利放弃责任，等等。凡此种种做法表现在下属面前都是极不可取的。

上司的表态，在坚持原则的基础上，如能发挥灵活性，则更易达到事半功倍的效果。

一般来说上司在对下属表态之前应做到：必须清楚了解问题的真正含义，下属所要求的真正意图，留有足够的思考时间，并考虑好是直接表态，还是委婉表态，对不值得表态的问题就不必表态。表态时，应做到因事、因人而异。

对关系重大、不宜把握的问题，上司应委婉表态。最重要的是上司应把握时机，注意场合，适时适地地表态。

说话掌握"尺度",讲究"分寸",能够体现上司的领导水平和工作能力。既不要无的放矢,也不要乱下指示。表态应讲究尺度、分寸,达到最佳适度就能获得最好效果。上司与下属之间的关系,即要有双方情感的交流、情绪的感染,又要有双方心理关系上一定色彩的凝结。只有态度诚恳,上司的表态才会对下属产生指导、激励作用。

有一天,国防部长斯坦顿来到林肯跟前,气呼呼地对他诉说一位少将用侮辱的语言指责他偏袒一些人。林肯建议他写封信针锋相对地反驳他。

"这样你不就可以狠狠地刺痛他一下嘛。"林肯说。

斯坦顿立即写了一封措词很强硬的信拿给总统看。

林肯完全赞成,大声喊道:"写得好!严厉地批评他一顿,这是个最好的办法,斯坦顿。"

但当斯坦顿把信叠好要放进信封时,林肯却阻止了他,并问道:"你打算怎么处置它?"

"寄出去呀。"斯坦顿被他这么一问倒糊涂了。

"不要胡闹。"林肯大声说,"你不能把这封信寄出。快把它扔进火炉中去吧。每当我发火时,我就尽情地写封信发泄发泄,写完后就把它扔了。我每次都是这样做的。你要知道,这是一封很起作用的信。当你花了很多时间把它写好的时候,你心中的怨气差不多已经消了,从而也就心平气和了。记住,我们可以用不同的方式来发泄自己的不满,但没有理由去伤害别人呀!我常常就是采用这种办法解除一时的气愤和烦恼的。以后遇到烦恼和想不开的事情,采用这种办法多试几次,保准见效。"

看,林肯对下属的表态多么准确到位!既让下属发泄了怒气,又不影响大局，真可谓一举两得。作为上司，你也应该从中得到一定的启示了吧？不要小看了脱口而出的表态，小方面说它是你领导能力的表现，大方面讲是一个组织的斗志是否旺盛的关键标志，切不可掉以轻心。

第09辑
尼尔·鲁登斯坦教授讲"和工作对象的沟通"

口才欠佳的职场人往往会有这样的困惑：和同事怎么沟通？遇到客户怎么说？尼尔·鲁登斯坦教授将上司和下属之间的沟通称为"上下两级的沟通"，将和同事、客户的沟通称为"和工作对象沟通"。那么，同样属于职场的沟通，两者有什么不同呢？尼尔教授将告诉你其中的奥妙。

尼尔·鲁登斯坦，犹太裔，1991—2001年间任哈佛校长，也曾因不堪工作重负而在1994年告假。在任校长期间，凭借着其卓越的口才，拉来了将近133亿英镑的私人投资，让哈佛成为当时世界上最富有的大学。

第一讲　和客户沟通态度是第一位的

有些客户一般都勤于思考，不善发表意见，喜欢用怀疑的眼光观察别人，有时还会表现出一副冷漠的表情。如你和他初次见面时，他仍然会与你寒暄、握手。但是，他的热情仅到此为止，他远远比不上我们期望的那样热情，他常常将自己当成舞台戏的观众，而将别人看成演员。也许正是由于他们的不轻易说话，总是给人一种压迫感。

如果你与这种人打交道，虽然表面看上去他一副并不专心的样子，但实际上他仍然非常认真，在仔细地分析着你的一举一动，想看看你是否是出于真诚。

那么，如何才能让这一类型的客户接受你呢？

1. **认真地倾听**

要想让客户接受你，首先你要认真倾听他所说的每一句话，而且记在心中，然后再从他的言词中推断他心中的想法，但是，很多人往往忽略了这一点。当你与客户谈话时，他非常重视你对他的谈话是否关心，由于他善于观察，因此从你脸上他就能看出这一点。

假如你注视着他，认真地倾听着他的谈话，他有一种"了不起"与"被重视"的感受。在你倾听的过程中，你最好做到以下两点。

（1）随着他的谈话，你要适当地说"是"或"唔"等字眼，对方就会明白，你在认真地听他谈话。

（2）从他的谈话中，抓住其中要点。这时候，你脸上的表情会让客户全部看在眼里，他会产生"你认真听了他的谈话"的感受。这样做的好处是，即使你没开口，你也会给对方留下一个不错的印象。

和客户谈话，决定谈话质量的高低主要在你的态度上而不在你的用词华丽与否。只要你能认真地倾听他的谈话，并适时地说出坦诚的话，这时你们就很容易达成共识。但是你要记住，认真地倾听他谈话，而不要佯装。因为很多客户向来善于观察，你如果被他识破了，对方就不愿跟你接着谈下去了。

2. 态度要谦和、有礼

与客户交往时，你还必须热情而有礼貌地与他说话，也就是说，你要端正好自己的态度，把握好说话的分寸，千万不要露出一副迫不及待的样子。特别注意的是，和客户交往，你不能露出对对方的丝毫不敬重或无礼，否则，他们会愤而拒绝与你进行任何交谈。

有一次，克瓦尔斯基和太太出门逛街，想买一个窗式冷气机，在第一家店，店员只是告诉他们许多品牌和型号，也说明不同的价钱。克瓦尔斯基问店员其中极相似的两款究竟有何不同，店员说其实这两款功能完全相同，只是其中一款是有名的品牌，所以比较贵。过了几分钟，这个店员说了声抱歉就只顾和另一位同伴说话，把克瓦尔斯基夫妇留在现场。克瓦斯基理智地克制了自己的不悦，决定不向这个无趣的人买东西。这对夫妇离开了，走到另一家店去。

另一家店的店员满脸笑容问克瓦尔斯基夫妇装冷气机的房间是个什么样子。店员说这点很重要，因为不同机型，噪音程度不一样，同一种机型不能又摆厨房又摆卧室。接着他又问房间有多大，这样才能决定要买多大功率的机型。

克瓦尔斯基太太问道："如果附近有火，这个机型承受得住吗？"她相信他一定很少碰到这样的问题，但他不用任何专有名词，很快地、有技巧地回答了他们的问题："太太，当你晚上出门忘了关灯时，这个机型都不会出问题。"他是个既热情又懂得顾客心理的推销员，似乎一切都在他的掌握之中。虽然他卖的东西比前一家稍贵，但克瓦尔斯基夫妇还是跟他达成了交易。

客户洞察力非常强,你的举手投足都能让他识破你的面目。一旦发现了你内心深处的虚伪或不耐烦,你们的这次会见就算泡汤了。并且他很少会再给你交谈的机会。

那是一个晴朗的早晨,和往常一样,德拉看到办公室桌子上的一摞摞报表时,顿时感到非常头疼,但迫于工作,只好静下心来,翻看着每一张,当看了一半的时候,秘书走进了他的办公室说:"副总,一位客商要求见您一面。"他不在意地说:"让他先在客厅等一会儿,我马上就过去。"

当他用一杯茶的工夫翻阅完这些报表走进客厅时,看到那位客商正迫不及待地在客厅里徘徊。于是他满脸堆笑地对客商说:"对不起!我工作太忙,让你久等了。"

客商听到这句话后,说:"如果你实在没有时间,不如我们改天再谈吧!"于是那位客商走出了客厅。

第二天,董事长找德拉谈话说:"公司决定撤销你的职务,并决定辞退你。因为你不适应本公司的业务发展要求。"

德拉着急地说:"怎么回事?我为了公司可没少卖命,怎么你的一句话,把我这样一个高级经理人想辞就给辞了呢?"

董事长见他仍然执迷不悟,气急败坏地吼道:"你这笨蛋,你把我1000万美元的生意给搅黄了,你知道吗?"

德拉终于明白其中的道理,原来是自己昨天的怠慢惹恼了客商。

那位精明、理智的客商误以为自己1000万美元的单子在德拉的眼中都不是第一重要,这与客商本人的极度自信相悖,这样能不让他感到愤怒吗?所以和客户说话和做事时,一定要真心诚意,不要怠慢了他。

第二讲　好话说说，"马屁"拍拍

有人说，对待顾客有一招制胜的秘籍：好话说一说，"马屁"拍一拍。意思是说，要仰视你的顾客，懂得拍顾客的马屁。

不可否认，无论是谁，都喜欢听别人说恭维话，顾客也是，因为这是人的一种本性，那些极爱面子和爱慕虚荣的顾客，都会在恭维话面前为之所动。虽然有些顾客表面对恭维嗤之以鼻，自己吹嘘能够虚心接受批评，可是你在工作过程中，如果把批评的矛头对准他，他的心中一定是不悦的，往日亲近的感情也会随之降低三分，从而在一定程度上影响了你们合作的感情。因此，会说且善于说恭维话，是一个职场人需要具备的做人处事的本领。

在美国著名教育家戴尔·卡耐基人生经历中，有这样一段经历，正是这段经历，让卡耐基从最困难的时期得到了锻炼，从而走向成功。

在当时，因为生存的需要，卡耐基来到了派克尔德货车专柜做推销员。由于卡耐基对机械推销一点也不感兴趣，对于发动机、车油和部件设计之类的机械知识了解甚少，所以他无法了解自己推销产品的性质，推销起来很困难，推销成绩也不理想，有时候因为推销不出去产品不得不饿肚子。

有一天，当有一位顾客来到时，卡耐基立刻走上前向他推销货车，可是他推销的内容连货车边都沾不上，尽说一些不着边际的话，这位顾客甚至认为他是一个疯子，向老板讽刺道："很奇怪，你为什么会雇一个疯子来卖货车?"

老板听了这句话后,非常气愤地走来,对卡耐基吼道:"戴尔,你是在卖货车还是在演说?如果明天你还不能卖出去一件东西,那么我就可以告诉你,你明天下班后就可以卷铺盖走人了。"

此刻,卡耐基心中也非常着急,要知道,每天的伙食费还得从老板那儿拿呢。他立刻说:"老板,为了可以吃上面包,我一定会卖出产品的。"

没一会儿,来了一个买货车的客户。

卡耐基吸取了之前的教训,向顾客认真地推荐他的货车并做了适当的报价。

"现在,生意不好,车又这么贵。"顾客抱怨说。

"你看一看今天的天气,明天你的生意会一帆风顺的。"卡耐基说。

"真的吗,小伙子?"顾客愁苦的脸上立刻有了笑容。

"是呀,看你红光满面,最近你一定有好运气。"卡耐基说。

随后,卡耐基又说了几句恭维的话,说得顾客心里非常舒服,最后决定买下那辆货车来迎接自己的好运气。

卡耐基这时忽然明白了一个道理:"这个顾客喜欢听恭维的话,那么其他客户也一定喜欢。"

于是第二天,卡耐基尽力对每一位顾客说一些恭维的话,没想到一天下来,好几个顾客都被卡耐基说服了,居然卖了好几部货车。

从此,卡耐基的销售之路打开了,老板觉得卡耐基是个可造之才,所以也再没有提解雇他的事。在此,卡耐基正是正确使用了恭维术,使他奇迹般在销售货车的行业中生存了下来。

在工作中,我们恭维顾客,使他们在购买中得到心理的满足,一些顾客喜欢被合作者恭维,来体现自身的价值、地位或者财富。如果你能够及时的给予必要的恭维,就会让顾客获得心灵的愉悦,而合作成功就成了顺理成章的事情。卡耐基虽然不懂有关货车销售方面的专业知识,可是他在销售中对顾客进行了恭维,让顾客的心理得到了满足,从而顺利地推销了他的产品。

在推销过程中，要善于给顾客以心理上的满足，多对顾客进行恭维，对别人说三句赞美的话就可以了，而对顾客就需要说十句。说话时，还要学会察言观色，按照顾客的喜好去恭维，这样才可以投其所好，最终拿下客户。

简·尼是一家时尚服装店的销售员，虽然参加工作不久，但是她性格开朗外向，勤奋聪明，尤其是一张小嘴像粘了蜂蜜似的，所以受到很多客户欢迎，每个月的业绩都在店里名列前茅。

一天，一个年轻时尚、打扮入时的女孩光顾了服装店，这个女孩年纪和简·尼相仿，但是一看女孩的穿着，简·尼便知道她一定是一位富家女孩，于是便主动地去招待她。

简·尼直接把这个女孩引到高档服饰区，并给她介绍了几款新进的款式，年轻女孩也比较喜欢，觉得简·尼很懂自己的心思，于是就与她攀谈起来。从谈话中，简·尼了解到这个年轻女孩是刚刚走上工作岗位，每月收入不菲。

简·尼了解到女孩的消费心理以后，她的小嘴开始卖甜起来，夸赞女孩有眼光，有品位，女孩就应该趁着年轻，把自己打扮得更漂亮、更时尚一点，并说像她这样年轻漂亮又有气质的女孩，穿什么样的衣服都好看。

年轻女孩听了简·尼的恭维话很开心，一连试了好几件衣服。这时简·尼又给她介绍了一件高档的连衣裙，女孩试过以后感觉很好，简·尼边向她投去美慕的眼光，边说："这件连衣裙简直就是为你设计，我从来没有看过一个女孩试穿有你这么漂亮，简直既高贵又时尚，尤其是非常适合你苗条修长的身段。"

女孩听了后，眼角都笑开了，心理上得到了极大的满足。虽然这件连衣裙价格高，但是非常高兴地买下了。

当女孩要走的时候，简·尼指着旁边的一条新款牛仔裤，对女孩说:"这条牛仔裤是本店的新款,样式设计是现下最流行的,我觉得像你这么好看的女孩,平时穿上牛仔裤,线条一定很好看。"女孩立马停了下来去试穿了一下,感觉的确不错,于是又把这条价值不菲的牛仔裤买走了。

简·尼无疑是聪明的,她看中了那位富家女孩爱美的心理,用"仰视"的办法,成功地推销了两件衣服。当然,恭维他人时,话也要说得得当、得体,而且还要诚恳,这样才能让对方有"深得我心"之感。

在工作中,如何说恭维的话,如何恭维得恰到好处,是一个人必须学习的。首先面对顾客,你要学会察言观色看清意图。说恭维的话首先要学会察言观色。察言观色不但要知其表面,还要揣摩其内心的真实意图,这是说恭维话的最高境界。其次,在与顾客的攀谈中,学会从他的眼睛窥视他的内心。俗话说:眼睛是心灵的窗口。我们可以通过对方的眼神和视线来判断对方的心理活动,然后再说出让其高兴的话。另外,还可以从顾客的一举一动看出他的潜台词。一些人言行举止,尤其是下意识的形体动作,也能向你透漏一些信息。你可以根据顾客的举动,说出恭维的话。

心理学家揭示:"一个人的虚荣心可以反映其在奢华消费中所追求的核心价值,如果这时你满足他的虚荣心,等于提高了他的价值,那么他愉悦的心灵会愿意为你做任何事。"可见,顾客在与你合作的过程中渴望得到你的羡慕,获得某种心理的愉悦体验。因此,要想赢得和顾客的沟通,就必须抓住客户的心理,学会仰视顾客,说一些恭维的话,让顾客心花怒放。

第三讲　想方设法满足顾客的需求

随着社会的发展，整个时代都在向一个交流和传播日渐发达的规范化社会转变，生活在这样一个社会里，说话就是你与社会中各种人达成交往的最常用方式。与客户交往时，只有通过语言交流才能达成共识，关键看你是否能掌握说话的技巧，就像卡耐基所说："说话技巧好的人，刚开始说话时，便能获得许多'是'的反应，原因是他能将对方的思绪导入同意的一面。"

下面我们看看与顾客进行语言交流的技巧。我们都知道完美理想型的顾客凡事都想达到至善至美的境界，并且经常拥有一些不切实际的幻想。

1. 让顾客充分表达自己的意见

就像著名学者查理·艾略特所言："与他人交往其实也没有什么秘密而言，最重要的就是专心致志地听他们表达自己的意见与看法。什么也比不上这种对别人的恭维了。"

霍普拉德一向做事认真，凡事都追求至善至美，哪怕买一件衣服也要精挑细选，找出最适合自己的，然后再做出决定进行购买。这天他从商店买了一套衣服，很快他就失望了：衣服掉色，把他的衬衣领子染上色了。他拿着这件衣服来到商店，找到卖这件衣服的售货员。想向他介绍事情的经过，可是他没做到——售货员总是打断他的话。

"我们卖了几千套这样的衣服，"售货员声明说，"你是第一个找上门来抱怨衣服质量不好的。"他的语气似乎在说："你在撒谎，你想污赖我们。等我给你点厉害看看。"

吵得正凶的时候，第二个售货员走了进来，说："所有深色礼服开始穿时都会褪色，一点办法都没有。尤其是这种价钱的衣服，这种衣服是染过的。"

霍普拉德听了这话非常生气。他想：第一个售货员怀疑我是不诚实。第二个售货员说我买的是二等品，真气人！

他正准备说："你们把这件衣服收下，随便扔到什么地方，我也不会要这种残品。"此时，部门的负责人来了。

这位负责人很内行，他的做法改变了霍普拉德的情绪，使他变成了满意的顾客。这位负责人是怎么做的呢？

首先，他一句话也没讲，听霍普拉德把话讲完。其次，当霍普拉德把话讲完，那两个售货员又开始陈述他们的观点时，他开始反驳他们，帮霍普拉德说话。他不仅指出顾客的领子确实是因衣服褪色而弄脏的，而且还强调说商店不应当出售使顾客不满意的商品。后来，他承认他不知道这套衣服为什么出毛病，并直接对霍普拉德说："您想怎么处理？我一定遵照您说的办。"

几分钟前还准备把这件可恶的衣服扔给他们的霍普拉德不由得说："我想听听您的意见。我想知道，这套衣服以后还会不会再弄脏领子，能否想点办法。"

这位负责人建议霍普位德再穿一星期。"如果还不满意，就把它拿来，我们想办法解决。请原谅，给您添了这些麻烦。"他说。

霍普拉德满意地离开了商店。七天后，衣服不再掉色了。他完全相信这家商店了。

这个部门负责人认真听取了霍普拉德的意见，并运用恰当的语言——接受他的建议，满足他的自尊，再加上适当的解释，就让霍普拉德转变了态度，接受了那件依旧不怎么"完美"的上衣。

2. 正确对待顾客提出的问题

对于顾客提出的种种问题你怎样做才能不伤彼此的和气，又能让对方

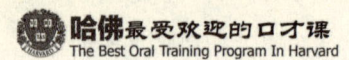

接受你呢？你可以运用以下几种方法。

（1）对顾客要有礼貌。在顾客讲话过程中，不要打断对方，即使你知道他们接下来想说什么，你也要认真地倾听，并尽力做出反应，给予巧妙的回答。

（2）迂回否定法。如果听到顾客提出问题时，你可以先对他的看法进行肯定，然后再用婉转的口气告诉对方自己的观点，不容否认这是当前应用最广泛的一种方法。

经验表明，大多数顾客在提出反对意见时，都多少带有些偏见，其看法有一定的片面性，或者干脆就是为了表现自己，以证明自己有许多观点和看法，更何况是充满幻想，凡事都追求至善至美的客户呢？但是，无论如何，对顾客的这种看似无理的异议也不能迎面进行攻击，而应先肯定对方的看法，使顾客的相关需求得到满足。你可以说："您说得不错，类似的事情常常发生，但是，这种情况有点特殊……"你也可以说："您讲的话一点也不假，但你是否想到另一层……"或"我毫不奇怪您最初会产生这种感觉，我当初也是这么想的，但后来我又仔细地研究了一段时间，这才发现……"

（3）以其之长补其之短法。就是先对顾客提出的问题进行认同，然后指出某些可以补偿的优点。

比如，某一顾客从你这购买设备，但他说你这设备不是质量最好最先进的。你可以承认这一点，同时巧妙地指出，若是质量最好、最先进的设备价格就会特别高。

你要让对方明白这样一个道理：虽然人人都在尽力追求完美，但是完美的东西在社会上根本不存在。所有的东西都有一定的局限性和缺点，即使这一类型的顾客提出合理性的建议。但如果你一上来就否定和回避他这一想法，其影响总是不好。这时，你不如正视现实，想方设法拿出可能补偿的优点去压倒他列举的种种缺陷。

约翰·米歇尔是一家装饰公司的老板。这天，一对年轻的夫妇来到他的店里挑选装饰材料，他们左挑右选，总是找不到最满意的，不是说这种质量不好，就是说那种价格太高，当他们站到那些质量和价格都算中等的材料前，约翰·米歇尔立刻上前说道："先生，这正是你们想要的那种，您是打算自己带回家，还是让我们给您送回去呢？"

先生问夫人："夫人，你说呢？"

这时那位夫人说："哎呀，还是咱们自己带回去吧，让他们送又得加钱。"

就这样，一笔生意成交了。

但是，遇到以下两种情况你最好别应用此种方法，毕竟装聋法是一种很不礼貌的行为。

第一，对于顾客的话不予理睬会让顾客有一种不被重视的感觉，在顾客不高兴时，就很难谈成生意。

第二，当顾客起疑心的时候，还是尽快解释为妙。

3. 尽量满足顾客的要求

生意场上，有这样的说法："顾客至上，顾客是上帝，顾客永远是对的。"所以要想与顾客达成共识，要想让顾客接受你，你就要尽最大的努力满足顾客的要求。

法国有一家很大的百货公司，打出的广告语是：本公司货物齐全，能满足您的任何要求，如达不到要求，我们愿赔偿一切损失。正因如此，这家百货公司在当地极其有名。

这天，来了一个非常挑剔的顾客，对于百货公司所贴的广告语，他根本不相信。他对部门经理说："我根本不相信你们这里什么都有。"

"我们这里的确货物齐全。"经理平静地说。

"那好，请问你们这里有飞机吗？"客户问道。

经理将他领到12层，那里摆着一个很大的飞机模型。

"那么，你们这里有轮船吗？"刁难的客户又问。

经理又将他领到地下10层，那里摆着一艘轮船。

最后，客户问道："你们这里有肚子长在头上的人吗？"

经理一时不知如何回答了。这时正好走过来一个店员，无意当中听到他们的对话，店员走上前，平静地说道："先生，您不是想看肚子长在头上的人吗？我们这里也有。"说完，店员做了个倒立姿势。

这次是客户变得哑口无言了。

当然，这只是一个笑话，但是从中我们却能明白这样的一个道理：顾客是上帝，想方设法满足顾客的需求是每一个商家或推销员应尽的责任。

第四讲　顾客不接受你怎么办

顾客是可以共同获得利益的合作伙伴，与顾客沟通、交流、洽谈，往往是一件很复杂的事情，根据商谈的内容可以用很短的时间完成，有时也需要很长的过程才能就一件事情达成协议。从这个意义上讲，让顾客接受你并不是属于一次接受就可以万事大吉的，有时要随着业务内容的不断深入而让他不断地接受你。所以说，让顾客能够不断地接受你，既是你综合素质的表现，也是你社交能力的具体体现。

哈佛大学的威森老师为一家专门替服装设计师和纺织品制造商设计花样的画室推销草图，一连三年，威森老师每个星期都去拜访纽约的一位著名服装企业主。

"他从不拒绝接见我，"威森老师说，"但他也从来不买我的东西。他总是很仔细地看看我的草图，然后说：'不行，威森，我想我们今天谈不拢了。'"经过150次的失败，威森终于明白自己过于墨守成规，于是他下定决心，每个星期抽出一个晚上的时间去研究做人处世的哲学，以发展新观念，创造新的热忱。

不久，他就急于尝试一项新方法。他随手抓起几张设计师们尚未完成的草图，再次来到这个服装企业主的办公室。"如果你愿意的话，希望你帮我一个忙，"他说，"这是一些尚未完成的草图。能否请你告诉你我，我们应该如何把它们完成才能对你有所帮助？"

这位企业主默默地看了那些草图一会儿，然后说："把这些图留在我这儿几天，然后再回来见我。"

三天以后，威森又去了，取了草图，按照企业主的意思把它们改进完成。结果呢？全部被接受了。

从那时候起，这位企业主又订购了许多其他的方案，这全是根据他自己的想法设计出来的——而威森却净赚了1600多美元的佣金。"我现在明白，这么多年来，为什么我一直无法和这位企业主做成买卖，"威森说，"我以前只是催促他买下我认为他应该买的东西。然而我现在的做法正好完全相反。我鼓励他把他的想法交给我，他现在觉得这些图案是他创造的，确实也是如此。我现在用不着去向他推销，他自动会来买的。"

我们知道，大多数人在与顾客打交道时都会有一个共同的特点，那就是总想表达自己的意向、观点和办法，同时会以各种理由让顾客来接受这些。当顾客不接受或者提出接受条件时，这种特点就会表现得更加强烈。从宏观意义上讲，当顾客不接受你时，有时光是强调理由是远远不够的，因为单一的强调往往会让顾客感觉到你的经营能力、洽谈水平、全面素质也很单一，就会对与你合作失去信心，最终而不去接受你。

在顾客不接受你的情况下，你根据具体情况可以应用下面的方法，看看能不能收到很好的效果。

1. 在顾客面前保持自我

人各有性格和脾气，也各有自己的为人处世方法，所以在与顾客的交往中，要尽量保持自己良好的习惯和平时的处世方法。因为每一个顾客在接触他的合作伙伴时，都想用最快的速度了解对方的性格和为人，然后才会决定是否与其合作。如果你为了迎合顾客而去改变你平时的为人，用一种虚假的人格来对待顾客，虽然有时可以蒙混一时，但与顾客接触时间一长，就会露出马脚，让顾客感到你并不是一个可以信赖的人，顾客也就很难长时间地接受你。

2. 交流时切忌言多语失

语言交流是与顾客打交道的最重要的方法，但很多的人在与顾客交谈时口若悬河、滔滔不绝。其实这样只会让顾客感到你华而不实，对你所说的和所做的产生怀疑。因此，在与顾客的交流中必须语言热情而中肯，表达清晰而坦诚，意图明显而准确，对于隐性的意图或没有必要探讨的问题不要急于表白。同时要掌握交流的分寸和火候，让对方感觉到你的热情、友善、诚实和机智。

3. 善于抓住本质问题

在与顾客的交流过程中，必须先弄清你们合作的终极目标是什么，在洽谈中要善于抓住本质问题，不要总在细微末节上兜圈子，浪费时间。这样顾客就很容易认为你是一个做事没有重点、斤斤计较的人，也就很难在心理上接受你。

4. 把握好顾客的心理

在与顾客的交往中，要学会善于观察和分析顾客的心理，如果他是很注重质量但不太注重价格的人，你就可以着重介绍产品的质量；如果他很看重过程，你就应该详细地向他说明整个事情的操作方法，让他感到件件有着落，事事有保障，这样他就会从内心接受你。

第五讲　学会让同事喜欢你

你的观点、意见、人品甚至成绩都不被同事所接受，这无疑是件极为苦恼的事情。在以前，大多数人只欣赏那种勤恳、苦干、沉默寡言的同事。因为他们常常是说的少干的多，用自己苦干实干的成绩赢得同事的爱戴和尊重，这种苦干实干的精神也被作为一种美德让人们去学习、崇敬。

但现在，与同事的合作已经不是一种单纯的体力劳动和单一的重复操作，越来越多的工作所需要的已经不是重复或体力，而是头脑。或许任劳任怨的精神我们还是十分需要的，但现代化的工作更需要的是素质、知识和智慧。

从时间意义上讲，不被同事所接受一般可以分为短期和长期两种。

就短期不被同事所接受讲，很大一部分是可能同事还没有充分地认识你、了解你。这时候你就应该充分地使自己尽快地熟悉环境，适应氛围，进入角色。你也应该充分地考虑到，有些事情可能适合别人去做，而不适合你去做，而又有些事情很适合你去做而不适合别人去做，这就要求你主动地发挥自己的强项，拿出自己的本事，在最短的时间内让自己的工作出成绩，让同事真正地感觉到你是一个有能力的人。

美国的一家汽车公司招聘为数不多的汽车推销员，许多相貌堂堂、学历很高的应聘者都没有被选中，而一个身穿粗布工作服、脚穿一双帆布运动鞋的汤姆斯却被录用了。

当他接到电话通知时，自己也无法相信自己为什么能在众多的应聘者中胜出，他在参加应聘时只是想与考官开个玩笑，因为他知道自己只是个不错的汽车修理工，而在推销汽车方面自己完全是个外行。但考官们为什么偏偏选上他了呢？原来，汤姆斯在考试时心中根本就没有什么顾虑，一进门就大声嚷嚷道："真是好汽车啊，我从来都没见过的，这么好的汽车还能卖不出去吗？"

他的热情被考官们注意到了，使他幸运地跨入了高收入的汽车销售行业。一开始，因为他的气质、文凭、社交能力等都不如其他的人，同事们也很瞧不起他。但工作了两个星期以后，汤姆斯自己销出去的汽车几乎等于新来的所有同事销量的总和。赚到的薪金也是全公司最高的。同事们惊异了，纷纷向汤姆斯询问有什么妙法？于是，汤姆斯就带领同事们一起看他是怎么样销售汽车的。

原来，他每到一家想买车的用户那里，首先都要检查一下用户现有的旧车，如果旧车还能用，他就认真地告诉人家：你的车修一修用几年没问题，现在换车还为期过早。如果用户的旧车实在不能用了，他才告诉人家你的车真的该换了，否则要出危险的，在你买到新车以前，我是可以免费为你修车的。

用户常常就是被他的热情和诚实所打动，很愉快地与他订下买车的合同。

同事们也很快地接受了这个文凭不高但热情很高的年轻人，几乎每个人都从他那里学到了修车的手艺。后来，汤姆斯还被提升为销售部的主管，他所管理的同事们在一个友爱、和谐的环境下工作，销售成绩在全公司数一数二。

其实，让同事接受你并不是一件很难的事情，只要你自己做到了，同事们是不会故意地刁难你的。

你如果困惑在长时间不被同事所接受的孤独中，那么你就应该从以下几个方面找一找原因，看一看你到底是做错了什么。

1. 你是不是经常在同事面前炫耀自己的能力和成绩？

同事在一起工作，尤其是在一个部门工作的同事，在一定程度讲工作的重要性基本都是有相同之处的，所需要的能力和水平也是大同小异的。如果你总是自己觉得你的能力要高出同事许多，总是不分时间和场合地自我表白，就会引起同事的反感，同事也就不能从心底里接受你。

2. 你是不是总是说话不讲究方式，喜欢直来直去，有时甚至将这种行为当做一种优点？

因为在与同事的交往中，直言不讳的话往往让人难以接受。纵然是有的同事接受了，但还是有部分同事不能接受，也就很容易得罪人，以致有些同事不接受你。

3. 你是不是不分场合、不分环境地去批评、指责同事？

虽然你有时是出于一片好心，但你的批评或指责有时让同事下不来台，丢了面子，这样就会使他嫉恨在心，也就很难从内心去接受你。

4. 你是不是经常在背后议论别人？

经常在背后议论别人或说别人坏话的人，一般都是不受欢迎的人。因为聪明的人都会想到：此人可以在我的面前说别人的坏话，也可以在别人面前说我的坏话！如果同事有这种对你不相信的感觉，又怎么能从心里接受你呢？

5. 你是不是不去谅解同事的过错？

人无完人，每个同事都可能有这样或那样的不足或错误。如果在某个方面曾经涉及到你，你就应该宽宏大量，尽量给予宽恕和理解，不要总是耿耿于怀，甚至想方设法地报复，这样就会使矛盾激化，也就更谈不上让同事去接受你了。

6. 你是不是怀有嫉妒心理？

当同事有了成绩，你就要赞扬他，真心地为他高兴，千万不要产生嫉妒心理。如果这种嫉妒心理让其他同事发现，就会知道你是一个小肚鸡肠的人，也就失去了接受你的信心。

　　总之，不被同事接受是一种痛苦，但被同事接受了还要把握好度，要不断地提高自己的工作能力和综合素质，这样才能使你在职场上如鱼得水，受到众星捧月般的拥戴。

第10辑
迈克尔·桑德尔教授讲"和朋友沟通"

我们面对的是个多元的世界，沟通的对象是多样化的，那么，很多人就会遇到这样一个问题：不同的人不同的秉性，不同的背景，我们该如何有效地和他们进行沟通呢？在迈克尔看来，和不同背景的朋友进行沟通，一是要把握好对方的心理，另一个就是不能触及到对方的禁忌。

迈克尔·桑德尔，美国哲学家，美国哈佛大学政府系讲座教授，美国人文艺术与科学学院院士，当代西方社群主义（共同体主义）最著名的理论代表人物，哈佛大学"最受欢迎的课程讲席教授"之一。

第一讲　学会和陌生朋友的沟通

陌生人,你不了解他,所以说话一定要注意。于是,我总结了和陌生人沟通需要掌握的原则:

1. 不要揭对方的短处

谈话应该是轻松愉快的事情,特别是能互相肯定对方的说话,就会给对方一种相见恨晚的感觉。

但有些人却不懂得这些,他们在与对方谈话时,不时地指出对方的一些缺点,这种谈话的结果简直是可想而知的。所以你要尽量顺着对方话中的意思去说,比如,他对你说:"你看,今晚月亮开始变绿了。"你该做的是走到窗边,望着月亮,然后走回来,心平气和地对他说:"没错,先生,透过绿色纱窗看月亮,似乎是有点绿。"

2. 别用质问的语气跟对方说话

与别人谈话时必须虚心、诚实、坦白并尊敬别人。与陌生人交谈,容易产生意见上的分歧,如果你想让对方心悦诚服地接受你,就要注意越是在有意见分歧的时候,越不可用质问的方法,因为当对方被你的质问弄得尴尬的时候,在表面上他是失败了,但他必定会怀恨在心。

在一辆公共汽车上,有两位乘客在谈话。

"昨天看了一部叫××的电影,实在很好。"第一个说。

"有什么好?"第二个用倔强的语调质问他。

"剧情不错,对改善社会风气别有一番见地。"

"有什么见地?"第二个仍用那种语调说。

"还用问吗？它不是指出不良少年都是被迫走上歧路的吗？"第一个似乎有点不悦了。

"这算是什么别有见地？"第二个依然用质问的语气说。

这两位乘客话不投机，气氛很是尴尬。

毛病出在第二个乘客用质问的语气来谈话，这是最容易伤人感情的。在日常生活中，许多矛盾都是由于一方用质问式的态度与对方谈话所致。

其实，如果第二个乘客能改变他的态度，坦白地说出他对电影的见解，而不要用质问的方式窘迫对方，这样谈话就能愉快地进行下去。

3. 间接提示对方

与陌生人交往，如果有些话不便直接说出来，但又想让对方明白自己的意思，这时可以采用间接提示法。

有家小理发店。一天，有位高个姑娘走进店来，要女店员给她理一个像日本电影《生死恋》中的女主人公夏子那样的发式。

女店员发现这位姑娘长得俊俏，只是脖子长了些，要像夏子那样把头发盘上去，势必把脖子全暴露出来，不一定好看，但要直说，又怕伤害对方的自尊心。

她想了一下，温和地说："小姐，您不是纽约的吧？"

"我原籍墨西哥，到纽约好几年了。"

"怪不得，你长得比较高。其实，高才好看，身材苗条，穿裙子也漂亮。"

几句话，把对方说得心里甜丝丝的，双方一下子拉近了距离。对方还未开腔，女店员又说："现在冬天到了，头发盘上去，会冻坏脖子的。"

一句话点醒了对方。可能对方原来也知道自己脖子较长，连忙说："等等，让我考虑考虑。"

女店员忙说："我也正想和你商量，不如理个波浪式，发脚刚好披在肩上，下部卷曲，中间起伏，上面收拢，配上你这身段，保证好看。"

姑娘听后满意地连声说："好"。

对此，如果直接说："你的脖子长，理这种发式太难看。"爱美的姑娘一定会羞得满脸通红，一气走之。

女店员以拉家常的方式闲谈，先从籍贯谈起，毫不涉及脖子长的问题，当对方说出是墨西哥人时，女店员将话题引到身材上去，几句话把对方心里说甜了，双方已有了进一步谈话的感情基础，然后，不失时机地点到"脖子"这个要害。女店员的提示并没有引起对方的反感，却让对方考虑到了脖子长的问题。这位女店员采用的就是间接提示法，即通过使用间接的言行暗示，使对方自省自悟以明白事理的方法。

4. 信守诺言

与陌生人接触，由于相互不了解，以致双方都会有一种观望的态度。这时你对自己的内外包装一定要精致，你要言出必行，行而不乱。但一旦理想型的陌生人确认你是他理想中的朋友，他就会真正地对你敞开他热忱的胸怀。

很多年以前，有两个穷小伙子在哈佛大学边上学边打工，生活和学习都很艰难。但是，他俩还想和一位著名的钢琴家合作，为他举办一场独奏音乐会，搞点钱交学费。

这位大钢琴家的经纪人和小伙子们谈判，说他们必须搞到2000美元之后，多余的钱才是小伙子们的。并且着重嘱咐，钱必须在音乐会的前5天中午之前送过来，否则就考虑是否取消合作。面对这些要求，小伙子们似乎有点为难，并试图讨价还价，但经纪人说这笔钱在当时虽然不是小数目，却是大钢琴家演出的时价，不能少了。小伙子们最后答应了。

第二天，他俩便开始拼命地工作，不顾昼夜和疲劳，但是直到最后，他们总共才挣了1600美元，可期限已经到了。虽然钱不够，但也得准时赴约吧！于是两人怀着忐忑不安的心情去找大钢琴家。他们把所挣的1600美元交给了他，还附了一张400美元的空头支票并对他许诺说一定把余下的400美元挣到，钱一到手就会送过来！

这位大钢琴家回答说:"不必这样,完全不必。你们俩能够按时到来已经让我很高兴了,至于钱的问题我不会为难你们。"说完他把支票撕成两半,并把1600美元送到他们手中:"从这些钱中扣除你们的食宿和学费,剩下的钱再拿出10%,那是你们工作的报酬,其他的归我。"

总而言之,只要你把握好办事的分寸,掌握好说话的时机,和陌生人沟通也并非难事,但是,你要记住,不论在任何情况下,不论对方说了什么样的话,你都不要损害对方自尊,要遵守自己的承诺。

与陌生人交谈时,不要将话题总停留在回忆往事、追怀过去及瞎吹捧上,要多用具有现实性的、有实际意义的、有建设性和规划性的语言或话题与他进行沟通,这样就使他能尽快地认识你、接受你,而你们所要进行的合作就可以深入下去。

美国的石油大王约翰·洛克菲勒为美国19世纪的三大富翁之一。洛克菲勒一生以他开拓进取的精神至少赚进了10亿美元,但他深知过多的财富会给自己和子孙带来灾难,所以一生中总共捐出了7.5亿美元。

他虽然热心公益,乐于捐款,但他有一个习惯,就是必须弄清楚款项的用途才肯捐钱。

有一次在下班途中,一个陌生人拦住他,他先是滔滔不绝地诉说自己的不幸,然后恭维他说:"洛克菲勒先生,我从20英里外走路来找您,我一路上碰到的每一个人都说您是纽约最慷慨的大人物,也是最肯帮助有困难人的人。"

陌生人这一番话,就是要他捐钱。洛克菲勒不喜欢此种募款方式,但又不便使对方太难堪。他想了想,问对方:"请问待会儿您是从原路回去吗?"

陌生人答:"是啊!"

洛克菲勒幽默地说:"那太好啦!请您帮助我一个忙,告诉刚刚碰到的每一个人,他们所说的都是谣传。"

于是，那个陌生人只好知难而退。

可以看出，那个陌生人要求捐助的方法实在是有些蹩脚。如果他换一种说话的方式，也许就会让这位大富豪接受他，我们不妨这样进行假设：

"洛克菲勒先生，我有一件事，可以跟您说吗？"

"你有什么事情呢？"

"我现在遇到了难以克服的困难，我很想请您到我家看一看我的困境，但可惜现在我连路费都没有了。"

"是吗？你究竟遇到了什么困难呢？"

这时候陌生人就可以把他的困难简单扼要地讲出来，交流沟通的气氛也就开始浓厚起来，他的要求也许就会成功了。

不论你与什么类型的陌生人初次见面，也应该注意不要把心一下子全掏出来。

有一句话说："逢人只说七分话，不可全交一片心。"意思是说，对一个你并未完全了解的人，无论是说话还是做事，都要有所保留，不可一厢情愿。

有一种陌生人，你把你的心里话一下全讲出来，他反而不会尊重你，而是把你看轻了。现实中有些人就有这种劣根性，你对他冷淡一些，他反而敬你又怕你！换句话说，对这种人来说，太容易得到的感情，他是不会去珍惜的，如果是这样，那么你的付出就不是很不值得吗？

所以说，你在与陌生人交往时，一定要根据自己的智慧和能力把握好"限"与"度"，充分发挥自己的语言能力和才华，这样才能很好地沟通。

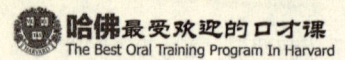

第二讲　学会和忘年交沟通

忘年交在年龄上存在着很大的差异，就这种年龄上的差异而言，现代人都习惯于称之为"代沟"，意即两代人之间存在着一条难以逾越的鸿沟，沟通起来很是麻烦，就连自己的父母这样的至亲都不易相处，更何况让那些素昧平生的人接受你？

真的如此吗？我认为其实不然，只是你还未找到一条正确而可行的路径罢了。

对于和你年龄相差悬殊的忘年交而言，在言谈举止等各方面容让和尊重是最好的法宝，它们往往能起到出奇制胜的作用。任何一位老人，他们虽然上了年纪，但他们的心里是绝不会糊涂的，他们往往用是否容让和尊重他来作为衡量你好坏的标准。在一般的情况下，你有无权势对他已经不重要了，他大可不必低三下四地向你献媚；你有无能力对他更无关紧要，你的本事再大，他也不会和你一起"商海击浪"，更不会和你在事业上比翼齐飞。他要的是对他的容让和尊重，让他的威严不随着年龄的增长而日薄西山。

老约翰是我的一个忘年交。他比我整整大了30岁。常记起老约翰发脾气的样子：眼睛直直地瞪着我，高声数落。在我顶嘴拒不认错的时候，他甚至会粗鲁地攥紧老拳，连眉毛都竖起来，样子可怕极了。

记得刚工作的那些日子，面对盛怒的老约翰，我伤心又沮丧。我默不作声，心里却在说：我又不是你儿子，不要再像管小孩子一样管我！要不是看在这近十年的交情上，哼！

那时我年轻，对生活对工作都有许多自以为得意的想法。我讨厌日常工作和生活中的琐碎小事，对老约翰给予我的"大事做不来，小事不愿做"之类的评价嗤之以鼻。我迫不及待地告诉他，我拥有许多听众，我的同学、同事和新交的朋友都愿意听我的演讲。我眉飞色舞地对他说："在快节奏的现代生活中，演讲是一门实用性很强的艺术，拥有听众，就拥有成功。"老约翰朝我瞟："这么说，你的知音可多了？"我愈发得意起来："那还用说，当然啦！"我忘情地等着老约翰更热烈的赞扬。

可是我想错了，我抬头看见坐在对面的老约翰正一脸怒气地盯着我。他眉头拧起来，脸绷得紧紧的，把手中杂物放到一边。我感到惊愕，避开老约翰的目光，自信自语地低声说："我哪儿说错了吗？"

"你以为你都对？"老约翰几乎是咬牙切齿地说，"你对个屁！"

我忍不住叫起来："不，我是对的，不对的是你，这么粗鲁，这么简单，这么不理解人。你真让我受够了！"

"闭嘴！"老约翰的手似乎有些颤抖，他腾地站起来，挥着胳膊大声命令我："把手举起来！"

我无法理解他，觉得他非常可笑。旁边的人都不知怎么回事，只有我的父亲附和着叫我把手举起来，我再也咽不下这口气，拔腿走出房间。

老约翰在身后高喊："给我回来！"

可我装作没听见，我想以拂袖而去迫使他明白自己是过分了。

然而，没等我跨出房门，就被老约翰一把抓住了。他紧紧握着我的胳膊，使劲让我转身。我看见老约翰已鬓发花白，愤怒使他的脸涨得紫红紫红的。我从对峙中软下来，让他把我拉回餐桌旁。

他把我按到椅子上坐下，口气严厉地说："叫你举手，不服气？你把手举起来，我要你看看，手举得比头高！这意味着什么？这意味着无论什么时候，干总是第一重要的。不管你想得多好，讲得多好，你都得要干，要动手干！夸夸其谈，只能一事无成，你难道想做那样的人？"老约翰一口气说下来，我在他的眼中看到有泪光闪动。

"手比头高！"老约翰的这一席语如同掠过平岗的疾风，一下子启开了

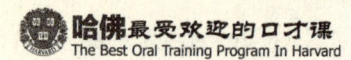

我的心智，我终于悟出了自己的浮躁与浅薄。望着老约翰因激动而泪光盈盈的眼，我感受到了他急切却深沉的期盼。那是老约翰对小辈才会有的期盼！我浑身一热，想对老约翰说些什么，可话到嘴边却怎么也说不出来。

几年过去了，当时最想对老约翰说的那句话一直在心头："老约翰，错怪您了，我不知错怪了您多少回！"

诚然，老年人固然有老年人的缺点与不足，但这不应成为你鄙视、厌倦他的理由，相反地，他的经历、经验等一切阅历，简直就是一本百科全书，是很值得你参考和借鉴的。

第三讲　如何让有缺陷的朋友接受你

缺陷是任何人都有的，不管是生理的还是心理的，人都不可能做到完美无缺，正所谓"金无足赤，人无完人"。然而不管是生理还是心理方面有缺陷或障碍的人，他们对人际关系中的某些交流是持抵触情绪的。造成这种局面的原因主要有两个方面。

其一，他们怕过多的语言交流会触及他们灵魂深处的较为阴暗的一面。在一般的情况下，他们都希望将自己的不足之处巧妙地加以"深埋"、伪装，用故作镇定的若无其事来掩盖心中的恐惧和不安。有时倒宁愿自己是一个哑巴，或者你是一个哑巴。沉默者在他们当中倒是普遍受欢迎的。

因此，在这些朋友面前切勿"当着跛子面前说短话"。

其二，是怕盖子被揭开后引起他人的轻视，有明显身体缺陷的人最忌恨别人直视着他又喋喋不休。他在尴尬之余也会对你心存愤恨的。在这些朋友面前也不要表现得过分同情，那同样会令他"很受伤"的。他会有一种弱者的感觉，一种必须依靠别人才能独立于世的心理压力会令他抬不起头来。

那么，到底如何说话才能让他们接受你呢？

1. 首先要互爱

像往常一样，中午午餐，我又去了那家小吃店，要了一碗面条。刚吃了几口，这时进来一男一女。男人有一只眼睛看不见了，身后背着一把二胡；女人是个盲人，在男人的牵引下，摸索着坐到我对面的椅子上。

他们不像夫妻，也不像兄妹，倒像一对关系密切的朋友。

男人说："咱们可是说好了，今天轮到我请你。"

女人说："你口袋里没多少钱了吧？"

"那也够我们吃两大碗豆花米粉的。"男人说。男人将二胡靠在墙角，冲店员叫了声："大碗豆花米粉，两份。"

刚坐下来，男人又起身去拿筷子，顺便付了钱，又向店员说了几句什么。

一会儿，米粉上来了，却是一大一小两碗。男人仔细将豆花弄碎、拌匀，然后将大碗递给女人。

女人吃了两口问："你呢"？

"我也是豆花米粉，大碗的，足够了。"

我有些吃惊——

"这种不是大碗的。"坐在我旁边的一个小孩忽然说。他一定以为，这个叔叔弄错了，却付了大碗的钱。

中年男子并没有抬头，继续低头吃着。

"叔叔，你吃的这种不是大碗的。"小男孩以为他没听见，重复道。

中年男子慌忙抬头，冲男孩摆摆手。

"多嘴！"小男孩的母亲厉声呵斥。

"本来就是嘛。"男孩一脸委屈。

正吃米粉的女人停下来，侧着头仔细辨别声音的方向，她的脸轻轻地抽搐了一下。

吃完米粉，他们搀扶着走出了小吃店。

我被这一对盲人朋友感动了，默默地走在他们后面。

"今天吃得真饱。"男的说。

女人沉默了一会儿——

"你不要骗我了，你吃的是小碗，你一直瞒着我。"女人失声哭了起来。

"我不饿，真的不饿，你——你别这样，路人看了多不好——"男人有些手足无措，拿了张皱巴巴的纸递给女人擦泪。

我看着他们，泪水溢满了眼睛。

身体有缺陷的朋友，献出你的爱心，在他们的感动中，心与心的距离便自然地缩短至零。

2. 其次是互助

一个驼子，一个哑巴，一个瞎子，一个油嘴滑舌的人都出来乞讨，这天碰到了一起。

"驼子，你背上背那么大一个包裹显然很阔绰，何必出来乞讨跟我们抢饭碗？"油嘴滑舌的人首先发难。

"哑巴，你也是的，连话都不会说，又吃得哪门子饭！"油嘴滑舌人又对哑巴大加指责。

"瞎子，你听我说，路都摸不清了，瞎在外面混什么？"油嘴滑舌人对瞎子一副不屑一顾的神情。

油嘴滑舌的人对驼子、哑巴和瞎子一阵劈头盖脸的奚落，弄得他们三个人大为光火。驼子的腰虽然压得更低，但两眼几乎要喷出火来，就那样血红地怒视着他。哑巴虽然不会讲话，但他拳头握得死死的，一下子就窜到了油嘴滑舌的人跟前，仿佛他是一只吊着的沙袋，一拳挥去就能把他打到爪洼国去。瞎子虽然不能看到他，但耳朵却极为灵敏，听罢油嘴滑舌人的辱骂，脸也气成了猪肝色，手握着打狗棍，一步一颤地朝油嘴滑舌人的凑了过来。

看来一场恶斗将不可避免了。

油嘴滑舌的人虽然身体健全，但未必就真有本事和那三个人拼命，他一边哆嗦着后退，一边大喊："不好啦，救命啊，他们三个人欺负我一个大好人哪！"

"好个伶牙俐齿的家伙，倒打一耙的本事还不小。看我不打死你——拽出口条来喝酒！"

围观的人越来越多，沸沸扬扬的很是热闹。这时只听一人道："你们四位暂且慢动手，先听我说几句话如何呀？"

四人扭脸一看，见一壮汉向他们走来，便停住了手脚。

那壮汉接着道："你们几个出来是干什么的？是为了斗气，还是逞口舌之利呢？"壮汉对着他们笑着发问。

四个人面面相觑，一时语塞。

"当然——不是为了这些——是为了——"油嘴滑舌人见有人给他解围，首先搭话。

"可这小子太坏了，竟拿我们驼子、哑巴、瞎子寻开心，这不是没事找事儿吗？"驼子道。

"各位且慢，"壮汉打断他们的争吵，"还是请先回答我的问题吧。不然，公说公有理，婆说婆有理，争论到明天又有什么益处？"

驼子等四人一想也是，便齐声答道："大哥言之有理。这兵荒马乱的年头出来，无非是想混口饭吃。"

"对呀。不知你们想过没有，争吵或动手又能解决什么问题？它能让你吃饱饭吗？"

"不——能。"

"不——当然不能。"

"如果真能，天下的人岂不都整天争吵和打架了。"

他们你一言我一语地表示赞同。

"那好，既然你们大家的目标是一致的——即为了混口饭吃，那你们也就是一条道上的朋友了。作为朋友，彼此谪毁、脚下使绊是最没意思的事了。它不但伤了和气，更会使你们无饭可吃，直到饿死街头。"那壮汉说到这里，面色极为严肃，目光在每个人的脸上扫过。

"那该怎么办呢？"油嘴滑舌的人问道。

"我们也没有一技之长啊？"驼子道。

"而且，我们都是残疾人。"瞎子无很伤感地说。

壮汉一阵朗声大笑，道："谁说你们没有一技之长？你们每个人都有别人无可替代的优势，关键是——"壮汉故意卖起关子。

"关键是什么？"大家齐声问。

"关键是看你们肯不肯合作了，肯合作，你们就是一个完美的整体。不合作，你们则是一盘散沙。而合作的结果是你们都将丰衣足食，衣食无忧；不合作或彼此仇视，将食不果腹，衣不遮体。你们还是自己好好想一想吧。"

那四个人想了一想，都觉得他说得很有道理，于是问道："你说得很对，我们决定听你的。那我们该怎样合作呢？"

"你，"壮汉一指哑巴，比划道，"身强力壮，就和我一起负责种植麻。"他又对驼子说："你负责把我们运回的麻剥离出来。"然后对瞎子说："你坐在家里负责将这些麻捻成绳子。"最后他对油嘴滑舌的人说："你呢，腿脚灵活又能言善辩，就去搞推销吧。大家觉得怎么样，我的朋友们？"

哑巴点头，众人都说好。几年以后，他们通过这样的合作不但日子过得非常红火，而且在那一带还都小有名气呢。

由此可见，身体上的缺陷并不影响一个人事业和交际的成功，而一个人心理的缺陷倒很有可能成为成功路上的拦路虎。这对于每个人来讲也都是应该时刻警醒的。

我们无论结交的是哪种类型的朋友，也不必管他是否健全，关键在于能及时地发现他的长处。掌握住了这一点，你才能有的放矢，你说的话才能有效地打动他，他也才能因此而接受你。当然，对于身体有缺陷的朋友来说，你首要的是尊重他们，关爱他们，然后再和他们谈些互相取长补短的合作话题，这才是他们最愿意听的，也是最愿意接受的。

第四讲　如何给情侣传情

和情侣对话，有爱就要说出来，这样双方才会更恩爱。因此勇敢地开口说话就成为两人相识的第一步了。

"让我去搭讪，我不敢。"这是一个人错过认识有利时机的常用借口，其实做一个大胆的主动追求的人，在别人眼里也是一件特别有魅力的事情。在明媚阳光下的海滩上，或者在美丽的滑雪场，远远的看见那个倾心的人在打球或者滑雪，又有什么可以阻挡你追求明朗的爱情呢，所以试着开口打破僵局吧，即使被冷漠相待也没有关系，至少曾经为了一份心中朦胧的情感争取过，在你以后回忆的日子里，这段即使是有点尴尬的经历，也会因为心境的不同而变得多彩起来。

1. 找出你特别的表达方式

每个人都有自己的情绪表达，在语言上就形成了丰富多彩的魅力，所以要经常注意自己的语言变化，不要采取同一种说话方式，换一种方式表现一件事或一种心情，使你的语言充满个性特征。你可以可爱地大喊热，也可以冷冷地说热死了，也可以无语地站在男友边不耐地用手扇扇风，抬眼看看天，只要真实地表达了自己，无论是讨厌还是欢喜，那都是一个独特的你。

2. 要注意交谈中切不要成为被访者

在语言世界里，有的人天生伶牙利齿，善于言辞，有的人天生嘴笨，怎么练也不能巧舌如簧。这样，在口头表达能力较大的交谈中，能言善辩者会占很大便宜。比如，要是你不善言辞，而男方善于交谈，那么男方便会利用你逢问必答，不识巧辩的弱点，很快洞悉你的内心世界，探知你的过去与现在，了解你的性格、好恶、习惯等。你在恋爱中，要是不懂得假以辞色，又不想暴露自己，交谈中有一个小小的技巧，就是遇到不愿意坦白回答的问题时，只须反问道："你呢？"将皮球踢给对方，反客为主。不要因为自己不善言辞而把自己变成一个被访者。从交谈中认识别人，胜过被人认识。

3. 说话声音要轻柔

男人的声音一般是低沉而富有弹性，所以，从生理学方面来说他们对低音的听觉舒服成都要比高音高很多。因此，女人在与别人交谈时，声音最好也保持一定的轻柔。

4. 适当地提高语言的精彩度

当你和情侣在傍晚散步的时候，看着漫天的彩霞，飘落的树叶，不妨运用一些文学语言来调节气氛。你可以用轻轻的声音自言自语："静静的夜晚是思念情人的时候，现在我真有些体会到了古人的无限幽情。"你的情意又怎能不感染他的心呢？

当你的男朋友约会迟到的时候，你也不妨撒娇比喻一下说："'一日不见，如隔三秋'，你迟到了10分钟，我都快等成'望夫石'了……"随着你那文雅而又俏皮的比喻，足以激发他怜香惜玉之心。

当你和你的男友喝咖啡时，你不妨饶有兴趣地运用一下比喻，你可以一边细细地品尝咖啡，一边轻轻发问："恋爱的滋味到底是怎么样的，是味美思，还是巧克力？我怎么总觉得里面搅和着许多咖啡的苦味儿？"即使你的男友反应再慢，也能琢磨出你话中的含义，对吗？

引用比喻的价值相当大，但要恰如其分。

5. 制造些浪漫气氛

"我的想法就在你心中……"

"我的幸福就在你眼睛里……"

"笨狐狸总是吃不到葡萄就说葡萄酸……我虽然喜欢你……但没有缘分我也不强求。"

如此浪漫的谈吐,再加上格外认真的眼神以及温馨的环境,相信任何一个人都会心动不已。

6. 偶尔提及对方的姓名

在心理学上认为,谈话时偶尔提及对方的名字,或稍稍提起对方说过的事情,将会触发对方高谈阔论的欲望。

假如对面坐的是你的男友,他除了有继续说下去的欲望之外,心里一定认为:"啊!她原来对我是这么细心……"

7. 不要只做"应声虫"

要想使爱人对你倾心的话,在他高谈阔论时,耐心倾听自然会使他十分惬意,为有你这样一位温柔女性而自豪。但是如果你一味地说"是",会使人觉得你像应声虫。一个人最有魅力的应声方式,应该是时而侧头侧耳,时而敲一下头部,时而眨一眨眼睛,然后再附加一些适当的感叹词,如:"真的吗?""太棒了!""太精彩了!""太好了!"这样会给人很不一样的感觉。

8. 发问时缓和语气

如果你对你的情侣或者对他的话题产生了疑问,为了解答疑问或阐述自己的观点,在开口之前,请你加上这样一句话:"以我们的观点来看……"或"我这么发问是不是不太礼貌……"

你的情侣听了这句话以后,一定能够听你把话讲完,为你解开疑团,同时也能避免误会的产生。谈情说爱这个词恰当地表现了爱情是要说的,所以不要羞怯,有爱就要表达出来。

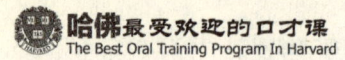

第五讲　学会安慰伤心的人

无论你生在富裕的经济发达地区还是贫穷的边远地带，无论你是谁，都不能保证自己的一生可以一帆风顺，不能保证自己一辈子都能平安如意。每个人的人生都难免会遭遇不幸和逆境。当至亲好友遭到不幸、身处逆境时，及时送上真诚的安慰，是为人处世的一种美德，更是一种责任。

所谓"患难见真情"，安慰如"雪中送炭"，能给不幸者以温暖、光明、力量，帮助他分担痛苦，减轻精神重负，重振前进的勇气。

问题是，在安慰别人时，我们该怎么说呢？很多人要么好言相劝"别哭了，坚强点儿"；要么帮助分析问题，告诉对方"你应该怎么做"，还有人会批评对方"我早就给你说过……"其实，这些安慰话不仅不能使人得到安慰，还会使对方更加伤心。只有那些能够说到对方心坎里的安慰话，才是最实际、最有启迪意义的。

那么，要怎样才能使安慰话说到对方心坎里呢？

首先，应通过聆听弄清楚被安慰者的心理状况——忧在何处，烦从何来，这是至关重要的。

安慰人，听比说重要。一颗沮丧的心需要的是温柔聆听的耳朵，而非咄咄逼人、口若悬河的嘴巴。也就是说，当别人有了烦恼，感到沮丧时，我们不要追问事情的前因后果，也不要急于做判断，要给对方空间，让他（她）能够自由地表达出自己的感受。我们所要做的则是要用自己的耳朵和心去聆听对方的声音，并表现出相应的同情和理解。

哈佛大学的心理专家说的"放下自己的世界，去接受别人的世界"，就是这个道理。最好的安慰者,是暂时放下自己,走入对方的内心世界,"悲伤着他(她)的悲伤,幸福着他(她)的幸福",对被安慰者而言,这就是给予他(她)的最好帮助。

其次,精心琢磨被安慰者易于接受的劝慰方式。

我们发现,从被安慰者的心理出发,选择合适的安慰方式,也是使安慰产生良好效果的重要条件。

在这里,我要提一下主要的安慰方式:

1. 书信式安慰

比较适合于喜欢独自思考、爱好清静的人。人在感情起伏过大的情况下,通过书信劝慰有时比口头劝慰更有效,因为书信发生效力的时间长,引起深思的触点多。一封饱含感情、渗透哲理的安慰信常常能使被安慰者从自我困扰中解脱出来。

2. 礼物式安慰

对于相隔较远或一时难以相见的人适用。一盒磁带、一盆青松、一幅图画……礼物虽小,但寓意深刻。这种借物寓情的安慰往往会产生微妙的作用,使被安慰者了解安慰者真挚的情感和独到的匠心,产生心有灵犀一点通的意境,也能使被安慰者心境豁然开朗,增强战胜困难的信心。

3. 闲逛式安慰

对需要放松心境、转移情绪、一吐为快的人较为适用。有的人一怒之下大发脾气,或者独自伤神。这时陪他(她)到外面走走,边走边说,边逛边聊,或许能宣泄其激愤或郁闷的情绪,减轻心理负荷。

4. 无声式安慰

对互相熟悉,互相需要抚慰的人有特定的作用。人是有感情的,在一定时候和特殊场合下,用动作、眼神表示安慰,会起到"此时无声胜有声"的作用,具有独特的安慰效果。

最后,在安慰人时,一定要设身处地思考每一句话该怎么说,不该怎么说,千万别"有啥说啥",过于"实在"。

安慰一个死者的家属,不要急于劝阻对方的恸哭,而应当注意倾听对方的回忆、哭诉，并多谈谈死者生前的优点、贡献。死者的生命价值越高，其亲属就愈感宽慰，并有可能化悲痛为力量，去发扬死者生前的优点，去完成死者未尽的事业。

安慰病人，应以不提或少提病情为好。病榻的生活是最无聊、最枯燥的，可多给对方说外面有趣的新闻，一些幽默的生活描述，以转移对方的注意力，减轻精神负担。如能尽量多谈点与对方有关的喜事、好消息，使他（她）精神愉快、心情好转，更利于早日康复。

安慰因生理缺陷或因出身、门第被人歧视的人时，不应讲深表怜悯的话，而应多讲些有类似情况的名人的模范事迹，鼓励对方不向命运屈服，抵制宿命论的思想影响，使对方坚信只要充分发挥人的主观能动作用，仍然能够争取到人生的幸福，实现人生的价值。特别是那些平时自尊心很强的人，需要别人给他（她）安慰，却害怕别人给他（她）怜悯。

安慰在事业上或爱情上屡遭挫折、失败的人时，不要只是轻描淡写地说一些千篇一律的客套话，如"一切都会过去的。""朋友，何愁未来无知己，积极寻找吧！"更不要以教导的口气告诉对方"你应该如何……"、"我早就看出他（她）不是好东西，你不应该为这种人伤心……"或是"你不知道他（她）是在利用你啊？"使对方在伤心之余，又多了一份窝囊。假如是一位善于安慰者，就应该帮对方总结经验教训，在此基础上进行必要的开导，鼓励对方克服灰心丧气的情绪，重新再来，这恐怕比轻描淡写说两句更有价值。

安慰，是感情的赠予，是沟通心灵的桥梁，是医治心病的良药。女人在安慰别人时，不要使用千篇一律的安慰话，如"不要太伤心"、"别这样糟蹋自己了"、"想开一些吧"、"发生这样的事，也没有办法"、"不要太难过了"、"不要哭"……而要根据对方的心理活动，给予最贴心的抚慰，你的安慰才能如雪中送炭般给对方以温暖、光明、力量！

总之，在安慰别人的时候，要针对不同的人、不同的事采取不同的方式，才能涤清不幸者心灵的灰暗，点燃失望者希望的灯芯。不然，就可能事与愿违，达不到预期的安慰效果。